Kostenlose Online-Spiele Entdecken

Hier Erhältlich:

BestActivityBooks.com/FREEGAMES

5 TIPPS FÜR DEN ANFANG!

1) LÖSUNG DER RÄTSEL

Die Puzzles haben ein klassisches Format :

- Die Wörter sind ohne Abstand, Bindetrich usw… versteckt
- Richtung : vor-& rückwärts, auf & ab oder in der Diagonale (beider Richtungen)
- Die Wörter können übereinanderliegen oder sich kreuzen

2) AKTIVES LERNEN

Neben jedem Wort ist ein Abstand vorgesehen zum Aufschreiben der Übersetzung. Um ihre Kenntnisse zu überprüfen und zu erweitern befindet sich am Ende des Buches ein **WÖRTERBUCH**. Suchen sie die Übersetzungen, schreiben sie sie auf, dann können sie sie in den. Puzzles suchen und ihrem Wortschatz hinzufügen.

3) ANZEICHNUNG DER WÖRTER

Haben sie schon einmal versucht eine Anzeichnung zu verwenden? Sie könnten zum Beispiel die Wörter, die schwer zu finden sind, ankreuzen, die Wörter, die sie lieben, mit einem Stern, neue Wörter mit einem Dreieck, seltene Wörter mit einem Diamant usw … anzeichnen

4) IHR LERNEN ORGANISIEREN

Am Ende dieser Ausgabe bieten wir auch ein praktisches **NOTIZBUCH** an. Ob im Urlaub, auf Reisen oder zu Hause, sie können ihr neues Wissen ganz einfach organisieren, ohne ein zweites Notizbuch zu benötigen!

5) SIND SIE AM SCHLUSS ?

Gehen sie zum Bonusbereich : **MONSTER-HERAUSFÖRDERUNG,** um ein kostenloses Spiel zu finden, das am Ende dieser Ausgabe angeboten wird !

Lust auf mehr Spaß und Lernaktivitäten? Schnell und einfach : eine ganze Spielbuchsammlung mit einem einzigen Klick erhaltbar :

Mit diesem Link finden sie ihre nächste Herausforderung :

BestActivityBooks.com/MeineNachsteWortsuche

Achtung, fertig, …. Los !!

Wussten sie, dass es auf der Welt ungefähr 7.000 verschiedene Sprachen gibt ? Wörter sind kostbar.

Wie lieben Sprachen und haben schwer daran gearbeitet, die Bücher von höchster Qualität für sie zu entwerfen. Unsere Zutaten ?

Eine Auswahl von angepassten Lernthemen, drei große Scheiben Spaß, dann fügen wir einen Löffel schwieriger Wörter und eine Prise seltener Wörter hinzu. Wir servieren sie mit Sorgfalt und ein Maximum an Freude, damit sie die besten Wortspiele lösen und Spaß am Lernen haben.

Ihre Meinung ist wichtig. Sie können aktiv zum Erfolg dieses Buches beitragen, indem sie uns eine Bemerkung hinterlassen. Sagen sie uns, was ihnen an dieser Ausgabe am besten gefallen hat !!

Hier ist ein kurzer Link, der sie zu ihrer Bewertungsseite führt

BestBooksActivity.com/Rezension50

Vielen Dank für ihre Hilfe und viel Spaß

Linguas Classics

1 - Ozean

```
T  T  D  V  J  R  G  Ą  B  K  A  I  E  F
B  U  R  Z  A  C  O  D  C  S  O  H  P  A
K  Ń  Y  R  T  D  Ś  X  F  W  S  R  M  L
Q  C  B  E  C  E  M  B  I  E  T  A  A  E
P  Z  A  K  D  L  I  Z  D  E  R  F  A  L
M  Y  G  I  B  F  O  L  X  G  Y  A  B  O
C  K  Ł  N  W  I  R  M  W  Ę  G  O  R  Z
Q  J  I  A  I  N  N  X  B  P  A  F  H  N
O  P  R  M  E  Z  I  F  J  X  Ł  T  G  C
S  Ż  D  E  L  Ł  C  E  A  J  A  Y  I  I
L  Ó  M  D  O  Ó  A  Ł  N  R  Ł  L  W  R
S  Ł  L  U  R  D  J  V  L  C  K  N  N  Y
A  W  J  Z  Y  Ź  K  R  E  W  E  T  K  A
X  K  R  A  B  Q  Y  M  Z  R  I  F  V  Ł
```

WĘGORZ	OŚMIORNICA
OSTRYGA	MEDUZA
ŁÓDŹ	RAFA
DELFIN	SÓL
RYBA	ŻÓŁW
KREWETKA	GĄBKA
PŁYWY	BURZA
REKIN	TUŃCZYK
KORAL	WIELORYB
KRAB	FALE

2 - Schule #1

```
M Q M P A P I E R U F S H C
K R Z E S Ł O L K Y O G B B
Z A B A W A W Y S X L B K I
Q U I Z Ł M O W S E D I P B
M A T E M A T Y K A E U R L
T L L G U H K M U S R R Z I
J F I Z U S P X A Y K Y O
O A C A O B I A D W Z O J T
Ł B Z M Z U Ą H W E M Ł A E
E E B I Ł M Ż O A T O Ó C K
V T Y N J Z K L A S A W I A
F S H Y V U I M B W G E E X
N A U C Z Y C I E L M K L K
O D P O W I E D Z I B S E K
```

ALFABET   OBIAD
ODPOWIEDZI   FOLDERY
BIBLIOTEKA   PAPIER
OŁÓWEK   EGZAMINY
KSIĄŻKI   QUIZ
PRZYJACIELE   BIURKO
KLASA   ZABAWA
NAUCZYCIEL   KRZESŁO
MATEMATYKA   LICZBY

3 - Meditation

```
Ż  T  U  E  P  O  B  U  D  Z  I  Ć  P  P
Y  E  Z  W  O  O  Ł  D  J  T  P  V  R  E
C  D  M  S  A  Z  K  C  I  S  Z  A  Z  R
Z  O  Y  C  C  G  L  Ó  O  P  S  X  E  S
L  L  F  P  V  M  A  G  J  O  X  N  J  P
I  Z  P  L  R  U  C  H  N  K  O  A  R  E
W  J  K  Ł  C  Z  M  Q  O  Ó  D  T  Z  K
O  Z  N  F  Z  Y  L  Y  F  J  D  U  Y  T
Ś  W  Y  X  Y  K  O  C  S  Y  E  R  S  Y
Ć  N  Ł  E  D  A  P  Ł  N  Ł  C  A  T  W
P  S  Y  C  H  I  C  Z  N  Y  H  F  O  A
P  R  Z  Y  J  Ę  C  I  E  L  O  S  Ś  X
S  Z  C  Z  Ę  Ś  C  I  E  R  W  D  Ć  U
U  R  N  J  N  A  U  K  I  M  Y  Ś  L  I
```

PRZYJĘCIE	PRZEJRZYSTOŚĆ
ODDECHOWY	NAUKI
UWAGA	MUZYKA
RUCH	NATURA
ŻYCZLIWOŚĆ	PERSPEKTYWA
POKÓJ	SPOKÓJ
MYŚLI	CISZA
PSYCHICZNY	UMYSŁ
SZCZĘŚCIE	OBUDZIĆ

4 - Meisterschaft

```
W  Y  T  R  Z  Y  M  A  Ł  O  Ś  Ć  C  O
A  I  D  G  X  T  W  J  E  J  W  N  I  D
V  E  T  F  T  T  H  Y  G  A  Y  E  W  D
M  R  U  W  A  S  I  F  I  M  D  O  M  Y
Z  E  S  T  R  A  T  E  G  I  A  Q  O  C
T  Ł  D  G  C  S  H  N  G  S  J  K  T  H
Y  E  J  A  L  I  G  A  R  T  N  T  Y  A
B  Q  G  T  L  Q  U  X  Y  R  O  R  W  Ć
S  Ę  D  Z  I  A  N  D  P  Z  Ś  E  A  Z
Z  W  Y  C  I  Ę  S  T  W  O  Ć  N  C  E
V  U  E  M  I  S  T  R  Z  S  T  E  J  S
Q  L  F  I  N  A  L  I  S  T  A  R  A  P
T  U  R  N  I  E  J  X  C  W  K  N  D  Ó
S  P  O  R  T  Y  A  H  X  O  P  V  W  Ł
```

ODDYCHAĆ	WYDAJNOŚĆ
WYTRZYMAŁOŚĆ	SĘDZIA
MISTRZ	POT
FINALISTA	ZWYCIĘSTWO
LIGA	GRY
ZESPÓŁ	SPORTY
MEDAL	STRATEGIA
MISTRZOSTWO	TRENER
MOTYWACJA	TURNIEJ

5 - Insekten

```
B  I  E  D  R  O  N  K  A  K  S  T  R  T
C  H  R  Z  Ą  S  Z  C  Z  O  Z  B  O  E
M  O  D  L  I  S  Z  K  A  N  E  P  B  R
L  Y  L  P  K  F  T  E  D  I  R  C  A  M
E  B  G  E  Ł  G  C  E  G  K  S  H  K  I
M  S  Z  Y  C  A  C  M  H  P  Z  Ł  P  T
N  Y  R  C  M  L  Q  R  O  O  E  A  S  K
R  A  M  Y  T  Z  R  Ó  G  L  Ń  W  Z  A
A  M  S  K  Ć  R  T  W  V  N  A  T  C  R
O  S  A  A  Y  M  L  K  E  Y  K  R  Z  A
J  R  N  D  E  O  A  A  O  X  B  F  O  L
C  R  A  A  F  T  R  N  P  M  S  I  Ł  U
N  T  U  Y  X  Y  W  A  Ż  K  A  J  A  C
C  E  I  U  Q  L  A  Q  H  I  Z  R  J  H
```

MRÓWKA	WAŻKA
PSZCZOŁA	BIEDRONKA
MSZYCA	ĆMA
PCHŁA	KOMAR
MODLISZKA	MOTYL
KONIK POLNY	TERMIT
SZERSZEŃ	OSA
KARALUCH	ROBAK
CHRZĄSZCZ	CYKADA
LARWA	

6 - Dinosaurier

```
P  R  O  A  O  Y  Y  E  W  M  A  M  U  T
Z  O  V  A  G  G  E  W  S  M  Z  G  R  Y
A  Ś  T  K  O  K  Q  O  Z  I  Ł  S  R  R
N  L  A  Ę  N  Z  F  L  Y  Ę  O  W  A  V
I  I  D  U  Ż  Y  Z  U  S  S  Ś  J  P  R
K  N  G  G  E  N  X  C  T  O  L  R  T  G
Z  O  F  Z  A  Z  Y  J  K  Ż  I  G  O  W
G  Ż  V  I  S  D  U  A  O  E  W  G  R  O
O  E  S  E  N  Z  G  M  Ż  R  Y  A  T  G
F  R  U  M  A  X  Y  M  E  C  Q  T  L  R
P  N  P  I  N  O  Ł  N  R  A  T  U  Ł  O
X  E  J  A  P  B  W  F  N  W  P  N  T  M
S  K  R  Z  Y  D  Ł  A  Y  V  E  E  H  N
O  M  X  S  R  O  Z  M  I  A  R  K  C  Y
```

WSZYSTKOŻERNY
GATUNEK
ZŁOŚLIWY
OGROMNY
ZIEMIA
EWOLUCJA
MIĘSOŻERCA
SKRZYDŁA
DUŻY

ROZMIAR
POTĘŻNY
MAMUT
ROŚLINOŻERNE
RAPTOR
GAD
OGON
ZANIK

7 - Obst

```
A  D  G  F  F  M  W  J  Q  Q  L  J  W  R
W  W  P  A  P  A  J  A  D  K  G  E  I  J
I  M  O  R  E  L  A  B  A  P  R  Ż  Ś  A
N  N  M  K  J  D  B  Ł  M  S  K  Y  N  G
O  E  A  I  A  B  R  K  E  M  I  N  I  R
G  K  R  W  G  D  Z  O  L  Q  Y  A  A  U
R  T  A  I  O  M  O  E  O  K  O  K  O  S
O  A  Ń  C  D  A  S  M  N  D  I  M  Ł  Z
N  R  C  Y  A  L  K  Ś  L  I  W  K  A  K
O  Y  Z  T  M  I  W  A  N  A  N  A  S  A
S  N  O  R  H  N  I  L  A  J  I  E  G  D
O  A  W  Y  D  A  N  H  E  Y  L  A  A  G
Q  T  Y  N  C  R  I  K  I  U  Q  B  K  C
Q  A  Ł  A  F  B  A  N  A  N  X  J  I  Q
```

ANANAS	KIWI
JABŁKO	KOKOS
MORELA	MELON
AWOKADO	NEKTARYNA
BANAN	POMARAŃCZOWY
JAGODA	PAPAJA
GRUSZKA	BRZOSKWINIA
JEŻYNA	ŚLIWKA
MALINA	WINOGRONO
WIŚNIA	CYTRYNA

8 - Schule #2

```
G  U  C  Z  E  N  I  E  S  I  Ę  L  W  C
X  R  N  K  S  I  Ą  Ż  K  I  G  K  V  Z
Z  M  A  O  E  F  H  U  G  E  V  P  E  Y
U  P  U  M  J  H  B  W  P  U  R  F  D  T
N  L  C  P  A  P  Q  E  M  B  M  S  U  A
N  E  Z  U  T  T  A  S  T  W  C  K  K  N
O  C  Y  T  K  Z  Y  P  K  R  L  O  A  I
Ż  A  C  E  C  B  K  K  I  M  Q  Ł  C  E
Y  K  I  R  T  Z  X  A  A  E  B  Ó  J  F
C  W  E  E  K  E  N  D  Y  P  R  W  A  H
Z  W  L  L  B  I  B  L  I  O  T  E  K  A
K  D  Ł  U  G  O  P  I  S  Y  K  K  W  F
I  N  A  U  K  A  A  U  T  O  B  U  S  Y
S  X  S  L  I  T  E  R  A  T  U  R  A  K
```

BIBLIOTEKA	CZYTANIE
EDUKACJA	LITERATURA
OŁÓWEK	PAPIER
AUTOBUS	GUMKA
KSIĄŻKI	PLECAK
KOMPUTER	NOŻYCZKI
GRAMATYKA	DŁUGOPISY
NAUCZYCIEL	NAUKA
UCZENIE SIĘ	WEEKENDY

9 - Spielzeuge

```
G  S  R  K  T  F  W  S  B  O  B  P  R  G
R  Z  O  O  S  D  T  D  L  L  Ę  O  Z  C
Y  A  B  K  W  I  C  P  T  O  B  C  E  I
K  C  O  U  K  E  Ą  M  I  I  N  I  M  Ę
N  H  T  K  J  N  R  Ż  Ł  Ł  Y  Ą  I  Ż
W  Y  R  S  L  X  Ł  Z  K  F  K  G  O  A
L  A  T  A  W  I  E  C  U  I  U  A  S  R
A  H  B  M  B  Ł  Ó  D  Ź  T  K  P  Ł  Ó
L  W  Y  O  B  R  A  Ź  N  I  A  S  A  W
K  C  G  L  I  N  A  K  R  E  D  K  I  K
A  F  G  O  U  L  U  B  I  O  N  Y  H  A
O  T  I  T  P  U  Z  Z  L  E  K  N  G  P
B  Z  M  C  U  E  R  W  Q  F  Y  J  Ł  E
S  U  H  S  T  S  A  M  O  C  H  Ó  D  Ł
```

SAMOCHÓD	CIĘŻARÓWKA
PIŁKA	WYOBRAŹNIA
ŁÓDŹ	LALKA
KREDKI	PUZZLE
KSIĄŻKI	ROBOT
LATAWIEC	SZACHY
ROWER	BĘBNY
ULUBIONY	GRY
SAMOLOT	GLINA
RZEMIOSŁA	POCIĄG

10 - Komödie

```
I M P R O W I Z A C J A A C
P A R O D I A J Z K F P J S
K L A U N Ó W J O T F X V P
Y E T H C D O W C I P Y O R
K R H B U C P Z A B A W N Y
I H O Ś W Y R A Z I S T Y T
X M K Y M A M F G S N T P N
T E L E W I Z J A K T O R Y
T Z A Ł X L E H U M O R E U
E A S K I J I C U O N Q S E
A B K S B A O H H P K I X J
T A I P U B L I C Z N O Ś Ć
R W A K T O R K A Q Y R Ł L
H A G A T U N E K E L Z I E
```

OKLASKI   ŚMIECH
WYRAZISTY   PARODIA
KLAUNÓW   PUBLICZNOŚĆ
TELEWIZJA   AKTOR
GATUNEK   AKTORKA
HUMOR   ZABAWA
IMPROWIZACJA TEATR
SPRYTNY   DOWCIPY
ZABAWNY

11 - Camping

```
K  L  B  M  A  P  A  K  H  Z  P  B  P  K
A  A  I  T  M  W  N  A  O  W  A  D  O  A
W  T  J  N  Q  J  A  B  N  I  N  I  L  P
F  A  Z  A  A  C  M  I  O  E  J  C  O  E
O  R  B  A  K  S  I  N  P  R  E  Z  W  L
W  N  T  X  B  N  O  A  R  Z  Z  Q  A  U
B  I  A  E  D  A  T  G  Z  Ą  I  U  N  S
K  A  M  O  P  T  W  D  Y  T  O  K  I  Z
J  Y  G  K  M  U  L  A  G  Ó  R  A  E  A
G  X  B  G  R  R  K  C  O  F  O  H  O  N
W  Ł  H  U  N  A  Q  O  D  O  T  A  P  A
K  S  I  Ę  Ż  Y  C  L  A  S  Q  M  F  F
P  G  X  O  G  I  E  Ń  W  T  O  A  O  Y
K  O  M  P  A  S  P  C  G  V  V  K  Y  H
```

PRZYGODA	KOMPAS
GÓRA	LATARNIA
OGIEŃ	KSIĘŻYC
HAMAK	NATURA
KAPELUSZ	JEZIORO
OWAD	LINA
POLOWANIE	ZABAWA
KABINA	ZWIERZĄT
KAJAK	LAS
MAPA	NAMIOT

12 - Zeit

```
P R Z E D O J E V G G T R G
O O Q M S Ł F R I W T E C O
I Ł Ł Z J X D O O I Y R C D
N G Ł U G Y Z K F C D A K Z
N E I L D Z I E Ń S Z Z A I
O W E O E N S R K U I N L N
C C Y J K B I Z N D E J E A
M Z Y J A V A E W J Ń K N Q
I O M C D L J G L X E U D T
E R J I A H V A U B S K A E
S A S C N H I R A N O Ł R E
I J G Ł Ł U Y Z W R S L Z H
Ą F C P T S T U L E C I E D
C M P X U Y Q A Q J X R P S
```

WCZORAJ	MIESIĄC
DZISIAJ	RANO
ROK	PO
STULECIE	NOC
DEKADA	GODZINA
ROCZNE	DZIEŃ
TERAZ	ZEGAR
KALENDARZ	PRZED
MINUTA	TYDZIEŃ
POŁUDNIE	

13 - Säugetiere

```
E A N O W C E Ż Y R A F A T
R E I J Ł I L C X R P W P Y
W Z E B R A L D G G K C J G
A L D C J C I K O J O T G R
Z I Ź B E Q W O P A S E L Y
Z S W E Y A I Ń I E N E H S
N V I X O K E X Z Y Q V E M
Ł Y E F O D L N M I F T C P
J K D N S G O R Y L S W E E
P X Ź O C K R O M A Ł P A J
R I B Ó B R Y H R D O Y V G
U Ł E Ł R L B Z I F Ń X A L
C L B S Z C Z U R S I X B E
P A N T E R A K A N G U R W
```

MAŁPA	LEW
NIEDŹWIEDŹ	PANTERA
BÓBR	KOŃ
SŁOŃ	SZCZUR
LIS	OWCE
ŻYRAFA	BYK
GORYL	TYGRYS
PIES	WIELORYB
KANGUR	WILK
KOJOT	ZEBRA

14 - Astronomie

```
K N K L Ł M S A T E L I T A
K S I O T O S P L A N E T A
O U I E M N M G Ł A W I C A
N P P Ę B E A S T R O N O M
S E O K Ż O T J Z G C O D K
T R G R A Y X A H L Y O T O
E N Q L B H C Z I E M I A S
L O B S E R W A T O R I U M
A W A S T R O N A U T A M O
C A G W I A Z D A W T O E S
J T E L E S K O P Y G I T M
A O I R A K I E T A M B E M
A S T E R O I D A B I K O I
Z O D I A K I B A K F L R J
```

ASTEROIDA
ASTRONAUTA
ASTRONOM
ZIEMIA
NIEBO
KOMETA
KONSTELACJA
KOSMOS
METEOR
KSIĘŻYC

MGŁAWICA
OBSERWATORIUM
PLANETA
RAKIETA
SATELITA
GWIAZDA
SUPERNOWA
TELESKOP
ZODIAK

15 - Ballett

```
B W U N N T D C O J C B P A
A D O K L A S K I Ł H R U R
L Z W O G N P T G Z O Y B T
E I Y M Z C A Q Y M R T L Y
R Ę R P Y E T W S L E M I S
I C A O P R Ó B A I O U C T
N Z Z Z G Z G B V J G Z Z Y
A N I Y B E E F N Q R Y N C
P Y S T B P S U S X A K O Z
E M T O O Q T X O K F A Ś N
P E Y R G M I Ę Ś N I E Ć Y
O R K I E S T R A G A C Y D
N U F X Y W S O L O U R D W
U M I E J Ę T N O Ś Ć R D C
```

WDZIĘCZNY   MUZYKA
OKLASKI   MIĘŚNIE
WYRAZISTY   ORKIESTRA
BALERINA   PRÓBA
CHOREOGRAFIA   PUBLICZNOŚĆ
UMIEJĘTNOŚĆ   RYTM
GEST   SOLO
KOMPOZYTOR   STYL
ARTYSTYCZNY   TANCERZE

16 - Strand

```
C D O K C Ł O J D E U Z U Q
F K J C J K N W P G S B K N
X F N I E B I E S K I D J Ż
G P Z I K A Ł P Ł Y W A Ć A
Y I H E F Ł N G W I S N I G
L A G U N A K P A R A S O L
Q S A O J Ł C R K L N J R Ó
X E W Q J Ó C H A L D X S W
K K D D G D O D C B A W Ł K
W Y S P A Ź T Y J T Ł Z O A
R Ę C Z N I K R E G Y Z Ń Ł
R A F A W Y B R Z E Ż E C E
N C F L X Z K H D X A G E M
O M O R Z E L D Ł Q F P Z U
```

NIEBIESKI	OCEAN
ŁÓDŹ	PARASOL
DOK	RAFA
RĘCZNIK	PIASEK
WYSPA	SANDAŁY
KRAB	PŁYWAĆ
WYBRZEŻE	ŻAGLÓWKA
LAGUNA	SŁOŃCE
MORZE	WAKACJE

17 - Restaurant #1

```
T  I  C  V  S  S  N  Z  J  H  Ł  A  A  V
W  A  H  M  Ł  S  E  E  H  V  E  S  M  Z
M  P  L  K  K  K  U  R  C  Z  A  K  C  X
I  I  E  E  V  C  Ł  S  W  C  V  V  Ł  C
Ę  K  B  L  R  M  X  R  N  E  O  T  T  V
S  A  N  N  E  Z  E  P  Ó  U  T  K  B  Ż
O  N  M  E  Z  M  X  N  Ż  I  E  K  H  Y
O  T  I  R  E  D  W  K  U  B  Z  A  A  W
Y  N  S  K  R  Z  K  Z  M  T  S  S  L  N
K  Y  K  A  W  W  A  D  G  Q  L  J  E  O
A  Z  A  I  A  L  S  E  D  E  S  E  R  Ś
W  M  K  V  C  K  O  V  H  S  Z  R  G  Ć
A  M  H  H  J  N  S  K  U  C  H  N  I  A
V  K  J  U  A  Q  F  L  O  R  S  W  A  F
```

ALERGIA	KUCHNIA
CHLEB	MENU
DESER	NÓŻ
ŻYWNOŚĆ	REZERWACJA
MIĘSO	MISKA
KURCZAK	SERWETKA
KAWA	SOS
KASJER	TALERZ
KELNERKA	PIKANTNY

18 - Geologie

```
M W S K W A R C S C Y K L E
I A K O P D Z N Ó I E I X N
N P A N O Ł O B L K O R A L
E Ń M T B K A M I E Ń B F L
R D I Y R O X S E E B L J S
A W E N M S N H K R G N C C
Ł J N E A W T E A O E U Ł U
Y L I N Ł U G A W Z W P I S
F E A T W L R Y L J P Y D T
R E Ł W A K O A F A H L Ż R
Y P O V A A T C I E K Ł Y E
J A Ś U Z N A U L J T T C F
Z Y Ć H A Ł G E J Z E R Y A
K W A S T A L A G M I T Y T
```

EROZJA	PŁASKOWYŻ
SKAMIENIAŁOŚĆ	KWARC
CIEKŁY	SÓL
GEJZER	KWAS
GROTA	STALAGMITY
WAPŃ	STALAKTYT
KONTYNENT	KAMIEŃ
KORAL	WULKAN
LAWA	STREFA
MINERAŁY	CYKLE

19 - Wissenschaft

```
E  S  G  O  T  G  V  D  Y  X  I  F  C  K
K  I  K  L  Ł  R  B  F  A  K  T  I  H  L
S  D  J  A  L  A  B  V  W  N  E  Z  E  I
P  V  R  B  M  W  D  X  G  J  E  Y  M  M
E  Ł  S  X  H  I  C  Z  Ą  S  T  K  I  A
R  C  Z  Ą  S  T  E  C  Z  K  I  A  C  T
Y  O  B  W  W  A  Q  N  F  X  S  T  Z  Ł
M  W  Ś  E  X  C  C  A  I  Ł  D  O  N  I
E  J  A  L  M  J  G  T  S  A  M  M  Y  D
N  I  Ł  U  I  A  W  U  P  K  Ł  A  A  C
T  M  A  K  C  N  C  R  Z  A  D  O  N  A
M  E  T  O  D  A  Y  A  H  V  D  D  Ś  Z
M  I  N  E  R  A  Ł  Y  S  D  F  S  B  Ć
H  A  E  M  H  I  P  O  T  E  Z  A  B  S
```

ATOM	MINERAŁY
CHEMICZNY	CZĄSTECZKI
DANE	NATURA
EKSPERYMENT	CZĄSTKI
SKAMIENIAŁOŚĆ	ROŚLINY
HIPOTEZA	FIZYKA
KLIMAT	GRAWITACJA
METODA	FAKT

20 - Bildende Kunst

```
E G H F O T O G R A F I A N
H A P L D W V L L F Ł D R Y
S D U T C E R A M I K A C H
M A L A R S T W O L N L Y P
D O V H L K E V E M B A D O
E Ł U V T R Z E Ź B A K Z R
S Ó U Q I E A W A Q R I I T
Z W Ł G W D O S I B T E E R
T E R W O A Q I Y R Y R Ł E
A K H V S P F H B I S M O T
L R O P K N I P P I T P D D
U Z I Z M R Y S J G A Z B O
G N R K R E A T Y W N O Ś Ć
A P E R S P E K T Y W A G J
```

OŁÓWEK

FILM

FOTOGRAFIA

MALARSTWO

CERAMIKA

KREATYWNOŚĆ

KREDA

ARTYSTA

LAKIER

ARCYDZIEŁO

PERSPEKTYWA

PORTRET

RZEŹBA

SZTALUGA

DŁUGOPIS

GLINA

WOSK

21 - Sport

```
R V P R K P G U W B G W K Q
O N W Ł U E B Y X M Q I O T
W P Z B Y C C X G Q B G S B
E J V X J W H B R V A M Z T
R S Ę D Z I A J A H S M Y R
S T A D I O N Ć C C E D K E
X N A D Z R B Y Z E B H Ó N
V B Z W Y C I Ę Z C A W W E
G I M N A S T Y K A L G K R
H O K E J T E N I S L R A T
G O L F E Q L T X C J A Ł V
T W X M Q E Z E S P Ó Ł K H
M I S T R Z O S T W O A V M
Z Y Ł X Y G I M N A Z J U M
```

ATLETA   ZESPÓŁ
BASEBALL   MISTRZOSTWO
KOSZYKÓWKA   SĘDZIA
RUCH   PŁYWAĆ
HOKEJ   GRA
ROWER   GRACZ
ZWYCIĘZCA   STADION
GOLF   TENIS
GIMNAZJUM   TRENER
GIMNASTYKA

22 - Mythologie

```
P H R K A T A S T R O F A K
O I G W R M A G I C Z N Y S
T H O G Z E L E G E N D A T
W G E R W E A N V Q Y W K W
Ó M R L U C M C H Ł H O U O
R B H X R N C S J N G J L R
E J L F B A P I T A R O T Z
M G S Ł B X W Ł T A Z W U E
N I E B O B P A L H M N R N
W A R C H E T Y P U O I A I
L B O H A T E R K A T K I E
V V O T T Z A Z D R O Ś Ć X
Q I U E E L A B I R Y N T Q
Ś M I E R T E L N Y A R A T
```

ARCHETYP
PIORUN
GRZMOT
ZAZDROŚĆ
BOHATER
BOHATERKA
NIEBO
KATASTROFA
KREACJA
STWORZENIE

WOJOWNIK
KULTURA
LABIRYNT
LEGENDA
MAGICZNY
POTWÓR
ZEMSTA
SIŁA
ŚMIERTELNY

23 - Restaurant #2

```
Z  X  W  I  D  E  L  E  C  X  F  S  S  V
F  D  P  R  Z  Y  S  T  A  W  K  A  Ł  K
D  I  A  O  M  L  Q  O  M  S  A  Ł  Y  K
G  X  Z  X  R  L  R  K  G  D  Ł  A  Ż  W
J  W  P  P  K  R  Z  E  S  Ł  O  T  K  B
D  Ł  C  X  H  Z  C  L  Ó  D  C  K  A  O
C  R  P  I  Z  W  B  N  L  I  Ł  A  Q  W
A  Y  Ł  Y  A  T  V  E  J  Z  Q  D  H  O
R  Y  B  A  S  S  O  R  S  O  U  F  G  C
N  W  X  H  L  Z  T  N  N  W  K  P  N  O
X  G  S  M  C  R  N  O  F  O  B  I  A  D
W  A  R  Z  Y  W  A  Y  W  O  D  A  P  M
P  R  Z  Y  P  R  A  W  Y  J  O  C  Ó  L
M  A  K  A  R  O  N  C  F  P  J  A  J  A
```

OBIAD	PYSZNY
JAJA	CIASTO
LÓD	ŁYŻKA
RYBA	MAKARON
OWOC	SAŁATKA
WIDELEC	SÓL
WARZYWA	KRZESŁO
NAPÓJ	ZUPA
PRZYPRAWY	PRZYSTAWKA
KELNER	WODA

24 - Ökologie

```
Z  B  P  Y  F  L  O  R  A  S  N  Ś  G  S
K  R  A  P  Y  A  I  V  H  I  A  W  Ó  U
L  U  Ó  G  Y  E  U  F  Q  E  T  I  R  S
I  V  C  W  N  K  H  N  N  D  U  A  Y  Z
M  Y  K  F  N  O  Q  F  A  L  R  T  O  A
A  M  X  C  M  O  R  S  K  I  A  O  E  C
T  W  Z  M  B  Ł  W  F  D  S  D  W  H  G
R  O  Ś  L  I  N  Y  A  K  K  I  Y  I  P
P  S  G  F  Z  L  K  G  Ż  O  Y  P  G  L
R  S  P  O  Ł  E  C  Z  N  O  Ś  Ć  I  T
Z  A  S  O  B  Y  G  A  T  U  N  E  K  P
N  A  T  U  R  A  L  N  Y  Z  U  Y  T  W
K  I  P  R  Z  E  T  R  W  A  N  I  E  W
W  O  L  O  N  T  A  R  I  U  S  Z  E  X
```

GATUNEK	SIEDLISKO
GÓRY	MORSKI
SUSZA	ZRÓWNOWAŻONY
FAUNA	NATURA
FLORA	NATURALNY
WOLONTARIUSZE	ROŚLINY
SPOŁECZNOŚCI	ZASOBY
ŚWIATOWY	BAGNO
KLIMAT	PRZETRWANIE

25 - Schokolade

```
C U K I E R D K Q T A U L P
G O G N T U D G Q K N W Z X
E F O K A R M E L O T S C X
Ł G R A R O M A T K Y K T N
P S Z L E O Y M G O O Ł I V
Y P K O R F G J T S K A J N
S P I R T K S E I F S D A U
Z Ł O I A Y H Ś S A Y N K E
N O O E S V Ć Y F D I O F
Y Y W D Z M X Z B Z A K Ś H
A T K C K W G D N F N R Ć S
R U L U B I O N Y Y T X J M
K F X P R Z E P I S P S Y A
P R O S Z E K A K A O S D K
```

ANTYOKSYDANT
AROMAT
GORZKI
JEŚĆ
EGZOTYCZNY
ULUBIONY
SMAK
KAKAO
KALORIE

KARMEL
KOKOS
PYSZNY
PROSZEK
JAKOŚĆ
PRZEPIS
SŁODKIE
CUKIER
SKŁADNIK

26 - Boote

```
Z  S  C  Z  J  D  Q  K  P  U  F  J  T  Ż
M  D  I  W  C  L  P  M  A  S  Z  T  R  A
A  B  D  L  I  N  A  O  P  J  Z  O  A  G
R  O  O  J  N  Q  U  R  R  Z  A  F  T  L
Y  J  K  A  Y  I  L  S  O  B  Ł  K  W  Ó
N  A  D  C  U  O  K  K  M  Ł  O  Y  A  W
A  A  U  H  X  B  D  I  I  M  G  U  W  K
R  L  F  T  K  O  T  W  I  C  A  S  Q  A
Z  G  K  C  Z  R  H  H  F  R  T  D  O  Ł
D  P  F  U  Z  R  F  A  L  E  A  B  C  B
N  A  U  T  Y  C  Z  N  Y  U  T  Z  E  Q
M  O  R  Z  E  K  W  E  M  F  Y  W  A  Y
J  E  Z  I  O  R  O  X  K  G  Q  N  N  Q
N  X  N  G  M  F  S  Ł  Q  A  S  V  Y  R
```

KOTWICA	MORZE
BOJA	SILNIK
ZAŁOGA	NAUTYCZNY
DOK	OCEAN
PROM	JEZIORO
TRATWA	MARYNARZ
RZEKA	ŻAGLÓWKA
KAJAK	LINA
MORSKI	FALE
MASZT	JACHT

27 - Stadt

```
P  R  E  S  T  A  U  R  A  C  J  A  N  V
I  D  C  Z  K  W  I  A  C  I  A  R  Z  J
E  S  G  K  B  A  N  K  R  Q  A  K  T  F
K  A  H  O  T  E  L  U  X  R  P  Z  A  Y
A  X  B  Ł  T  E  U  O  K  Y  Y  C  P  P
R  N  G  A  L  E  R  I  A  S  K  N  T  O
N  K  S  I  Ę  G  A  R  N  I  A  Ł  E  P
I  B  I  B  L  I  O  T  E  K  A  O  K  K
A  K  L  I  N  I  K  A  R  H  N  X  A  H
S  U  P  E  R  M  A  R  K  E  T  P  Ł  C
Z  C  A  K  Z  X  B  M  U  Z  E  U  M  H
S  T  A  D  I  O  N  X  Q  B  T  Ł  Ł  J
N  B  Ł  Ł  I  N  Z  O  E  F  D  P  M  J
V  B  G  N  O  L  O  T  N  I  S  K  O  U
```

APTEKA	KINO
BANK	KLINIKA
PIEKARNIA	RYNEK
BIBLIOTEKA	MUZEUM
KWIACIARZ	RESTAURACJA
KSIĘGARNIA	SZKOŁA
LOTNISKO	STADION
GALERIA	SUPERMARKET
HOTEL	TEATR

28 - Aktivitäten

```
G  A  A  W  Ę  D  K  A  R  S  T  W  O  P
U  M  I  E  J  Ę  T  N  O  Ś  Ć  I  G  X
F  O  T  O  G  R  A  F  I  A  D  Z  R  A
R  Z  E  M  I  O  S  Ł  A  B  Ł  W  O  D
D  Z  I  A  Ł  A  L  N  O  Ś  Ć  Y  D  C
T  A  N  I  E  C  X  R  M  G  D  P  N  Z
R  W  F  M  K  T  Z  E  A  R  S  O  I  Y
R  E  J  W  O  E  Y  M  G  Y  Z  C  C  T
K  D  L  I  M  O  M  C  I  K  Y  Z  T  A
C  I  Q  A  Ł  X  Ł  P  A  I  C  Y  W  N
S  Z  T  U  K  A  S  I  I  S  I  N  O  I
D  A  N  F  O  S  N  I  I  N  E  E  Z  E
W  J  C  E  R  A  M  I  K  A  G  K  X  O
P  O  L  O  W  A  N  I  E  C  A  P  S  Y
```

DZIAŁALNOŚĆ
WĘDKARSTWO
KEMPING
RELAKS
UMIEJĘTNOŚĆ
FOTOGRAFIA
WYPOCZYNEK
OGRODNICTWO
POLOWANIE

CERAMIKA
SZTUKA
RZEMIOSŁA
CZYTANIE
MAGIA
SZYCIE
GRY
TANIEC

29 - Bienen

```
H  O  O  Z  C  V  U  D  D  D  U  L  Z  P
K  G  E  L  R  X  L  Ł  H  L  Q  K  O  I
C  R  O  Ś  L  I  N  Y  S  T  Y  R  B  C
J  Ó  S  I  E  D  L  I  S  K  O  Ó  G  P
K  D  Z  A  P  Y  L  A  C  Z  H  L  L  Ł
O  W  R  Ó  Ż  N  O  R  O  D  N  O  Ś  Ć
R  M  I  Ó  D  M  W  W  O  S  K  W  E  P
Z  S  Y  T  B  O  O  C  K  W  I  A  T  Y
Y  Ł  X  B  N  O  C  O  W  A  D  X  R  Ł
S  O  O  Y  T  Ą  C  K  J  V  Y  H  Ó  E
T  Ń  N  T  R  L  Ć  R  Q  E  M  K  J  K
N  C  S  K  R  Z  Y  D  Ł  A  O  C  Q  B
Y  E  K  O  S  Y  S  T  E  M  W  W  I  L
F  Ł  N  P  C  B  V  S  H  S  K  X  Z  N
```

ZAPYLACZ	SIEDLISKO
UL	EKOSYSTEM
KWIATY	ROŚLINY
KWITNĄĆ	PYŁEK
SKRZYDŁA	DYM
OWOC	RÓJ
OGRÓD	SŁOŃCE
MIÓD	RÓŻNORODNOŚĆ
OWAD	KORZYSTNY
KRÓLOWA	WOSK

30 - Wissenschaftliche Disziplinen

```
M N P P Z P A X M J T S A B
I E S Q O B P Y F E E O R A
N U Y Z O A A E B K R C C Z
E R C K L Q U X I O M J H O
R O H Q O Y B H O L O O E V
A L O J G Q H Z L O D L O E
L O L C I Q Q Ł O G Y O L A
O G O H A R E O G I N G O N
G I G E O L O G I A A I G A
I A I M K U X J A A M A I T
A S A I M E C H A N I K A O
B O T A N I K A L B K F L M
A S T R O N O M I A A A Ł I
Y Y M E T E O R O L O G I A
```

ANATOMIA	METEOROLOGIA
ARCHEOLOGIA	MINERALOGIA
ASTRONOMIA	NEUROLOGIA
BIOLOGIA	EKOLOGIA
BOTANIKA	PSYCHOLOGIA
CHEMIA	SOCJOLOGIA
GEOLOGIA	TERMODYNAMIKA
MECHANIKA	ZOOLOGIA

31 - Vögel

```
C  K  Y  C  P  D  J  X  K  F  K  O  S  N
Z  Ł  F  H  P  S  S  G  R  L  J  R  D  I
A  H  U  I  W  U  S  O  W  A  V  Z  U  S
P  I  N  G  W  I  N  Ł  R  M  O  E  O  K
L  Ł  D  W  Z  R  F  Ą  O  I  U  Ł  Z  P
A  A  S  Y  Q  X  Ó  B  N  N  G  Ę  Ś  A
E  B  O  C  I  A  N  B  A  G  P  J  Z  W
P  Ę  N  K  I  J  L  M  E  W  A  A  Z  N
J  D  J  U  Q  K  K  P  D  L  P  J  R  T
F  Ź  W  K  U  R  C  Z  A  K  U  K  D  O
W  Z  R  U  T  I  V  D  E  V  G  O  Q  W
X  Y  Z  Ł  E  P  E  L  I  K  A  N  C  V
U  R  X  K  A  C  Z  K  A  E  P  P  I  K
U  M  U  A  R  X  F  N  X  I  M  M  Y  C
```

ORZEŁ	PAPUGA
JAJKO	PELIKAN
KACZKA	PAW
SOWA	PINGWIN
FLAMING	KRUK
GĘŚ	CZAPLA
KURCZAK	ŁABĘDŹ
WRONA	WRÓBEL
KUKUŁKA	BOCIAN
MEWA	GOŁĄB

32 - Garten

```
C  S  S  H  S  T  A  W  Q  T  C  C  V  Z
Y  Y  E  Ł  Ł  A  W  K  A  R  X  H  E  V
B  U  A  Y  Q  R  K  J  Q  A  C  W  Ą  Ż
H  A  M  A  K  A  G  R  F  W  Y  A  D  F
T  T  D  O  T  S  A  D  S  A  G  S  T  N
T  R  A  M  P  O  L  I  N  A  L  T  W  A
G  J  A  Ł  F  R  M  K  E  I  E  Y  X  T
Ł  M  Ł  W  C  K  I  L  R  W  B  W  I  K
O  M  Y  K  N  D  J  I  K  Z  A  Q  E  H
P  G  R  A  B  I  E  E  C  I  A  D  N  D
A  A  R  Ł  D  M  K  W  I  A  T  K  A  A
T  N  G  Ó  G  A  R  A  Ż  Q  I  T  W  I
A  E  B  Ł  D  R  Z  E  W  O  M  X  X  A
E  K  O  G  R  O  D  Z  E  N  I  E  B  H
```

ŁAWKA	TRAWNIK
DRZEWO	GRABIE
KWIAT	ŁOPATA
GLEBA	WĄŻ
KRZAK	STAW
GARAŻ	TARAS
OGRÓD	TRAMPOLINA
TRAWA	CHWASTY
HAMAK	GANEK
SAD	OGRODZENIE

33 - Antarktis

```
P O G O D A M W B A D A C Z
E D R P U W I O Ł T S V M O
V A V S C Y G D N F I U I C
P T A K I P R A A Ś I K N H
T E M P E R A T U R A O E R
S O V W P A C I K O P N R O
N K P I I W J R O D Ó T A N
O X A O P A A M W O Ł Y Ł A
S H V L G X T L Y W W N Y J
F U O Ó I R Q R B I Y E Ł V
M V K D R S A F Y S S N W B
Z A T O K A T F L K E T C I
L O D O W C E Y I O P Q R I
G E O G R A F I A A O I Q D
```

ZATOKA	MIGRACJA
LÓD	MINERAŁY
OCHRONA	TEMPERATURA
WYPRAWA	TOPOGRAFIA
SKALISTY	ŚRODOWISKO
BADACZ	PTAKI
GEOGRAFIA	WODA
LODOWCE	POGODA
PÓŁWYSEP	WIATRY
KONTYNENT	NAUKOWY

34 - Fahren

```
Y  P  I  E  S  Z  Y  P  O  L  I  C  J  A
H  A  M  U  L  C  E  W  Y  P  A  D  E  K
Y  L  U  L  M  O  T  O  C  Y  K  L  C  U
C  I  R  T  I  P  R  Ę  D  K  O  Ś  Ć  L
I  W  M  U  O  C  L  C  X  W  M  S  I  I
Ę  O  A  N  C  B  E  O  C  L  K  I  Q  C
Ż  P  P  E  Z  H  U  N  L  T  G  L  W  A
A  B  A  L  V  Ł  D  S  C  O  A  N  P  Z
R  M  D  O  Ł  N  A  R  C  J  R  I  F  B
Ó  C  U  L  W  H  H  M  O  V  A  K  Q  C
W  S  A  M  O  C  H  Ó  D  G  A  R  A  Ż
K  V  M  N  M  W  U  B  W  A  O  B  R  L
A  Z  Z  J  N  E  H  A  N  Z  I  W  F  M
T  R  A  N  S  P  O  R  T  T  K  Y  Y  F
```

SAMOCHÓD	CIĘŻARÓWKA
HAMULCE	SILNIK
PALIWO	MOTOCYKL
AUTOBUS	POLICJA
PIESZY	ULICA
GARAŻ	TRANSPORT
GAZ	TUNEL
PRĘDKOŚĆ	WYPADEK
MAPA	RUCH DROGOWY
LICENCJA	

35 - Bücher

```
O G X G K O N T E K S T A S
H I S T O R Y C Z N Y T U T
P E X A L V M H Ł U E Z T R
O P W I E R S Z G Y E J O O
W I C S K C C K G Q F W R N
I C L E C P R Z Y G O D A A
E K L R J R O B I C A H N P
Ś I T I A L E E A K B I A I
Ć H D A H B U P Z Y N S R S
L I T E R A C K I J Q T R E
C Z Y T E L N I K Ł A O A M
F L D Z D U A L I Z M R T N
W Y N A L A Z C Z Y Z I O Y
T R A G I C Z N Y H V A R V
```

PRZYGODA   KOLEKCJA
AUTOR   KONTEKST
DUALIZM   CZYTELNIK
EPICKI   LITERACKI
WYNALAZCZY   POEZJA
NARRATOR   POWIEŚĆ
WIERSZ   STRONA
HISTORIA   SERIA
PISEMNY   TRAGICZNY
HISTORYCZNY

36 - Menschlicher Körper

S	P	O	D	B	R	Ó	D	E	K	W	Y	G	V
U	Z	Z	O	P	T	O	B	U	S	T	A	Ł	M
C	I	Y	R	A	M	I	Ę	S	Z	Q	N	O	S
H	K	N	J	Ę	Z	Y	K	E	C	T	Q	W	M
O	C	O	P	A	L	E	C	R	Z	S	W	A	U
Z	C	G	B	Q	C	Y	L	C	Ę	K	R	E	W
E	Ł	A	J	N	L	G	H	E	K	Ó	Y	B	X
V	Q	O	B	Y	Y	T	D	G	A	R	B	B	D
U	W	T	K	O	S	T	K	A	B	A	B	R	T
Z	O	W	J	I	X	U	O	C	E	I	Z	U	Z
M	C	A	X	O	E	N	L	S	Y	X	C	U	X
I	Ó	R	Ę	K	A	Ć	A	G	G	N	L	H	Y
G	B	Z	Ł	C	Y	J	N	U	P	F	V	L	P
M	T	T	G	J	V	X	O	H	P	U	Ł	V	U

NOGA	SZCZĘKA
KREW	PODBRÓDEK
ŁOKIEĆ	KOLANO
PALEC	KOSTKA
MÓZG	GŁOWA
TWARZ	USTA
SZYJA	NOS
RĘKA	UCHO
SKÓRA	RAMIĘ
SERCE	JĘZYK

37 - Klettern

```
R  Ł  N  H  S  R  W  P  C  W  W  Y  D  S
Ę  G  F  F  I  Z  Y  C  Z  N  Y  O  M  T
K  W  Ł  D  N  G  K  Y  O  N  J  Z  Q  A
A  G  H  M  A  T  M  O  S  F  E  R  A  B
W  Ą  S  K  A  O  K  Q  L  Z  P  G  S  I
I  W  Y  S  O  K  O  Ś  Ć  E  L  A  I  L
C  B  R  J  A  O  N  L  F  K  N  V  Ł  N
Z  Q  U  L  G  W  V  Z  X  S  K  I  A  O
K  X  W  T  E  R  E  N  I  P  M  A  E  Ś
I  J  D  X  Y  C  U  X  B  E  A  N  S  Ć
M  J  A  S  K  I  N  I  A  R  P  M  A  K
C  I  E  K  A  W  O  Ś  Ć  T  A  M  P  F
P  R  Z  E  W  O  D  N  I  K  I  Ł  C  W
Ł  A  W  Ę  D  R  Ó  W  K  I  L  P  I  P
```

ATMOSFERA
SZKOLENIE
EKSPERT
PRZEWODNIKI
TEREN
RĘKAWICZKI
KASK
WYSOKOŚĆ
JASKINIA

MAPA
CIEKAWOŚĆ
FIZYCZNY
WĄSKA
STABILNOŚĆ
SIŁA
BUTY
WĘDRÓWKI

38 - Landschaften

```
G  Ó  R  A  L  O  D  O  W  A  O  J  S  U
L  J  Z  Z  F  Y  O  M  T  U  N  D  R  A
O  E  E  E  W  R  L  Z  F  W  L  M  H  H
D  Z  K  Z  N  M  I  H  N  Z  W  K  E  I
O  I  A  B  A  Z  N  Z  Ł  G  G  C  A  V
W  O  V  M  A  T  A  E  B  Ó  E  Q  R  N
I  R  O  F  R  G  O  C  Q  R  J  P  D  Q
E  O  N  U  O  R  N  K  Ł  Z  Z  C  M  B
C  G  Ó  R  A  X  K  O  A  E  E  H  O  Q
W  G  P  Ó  Ł  W  Y  S  E  P  R  X  R  U
W  Y  S  P  A  C  B  J  E  L  O  A  Z  A
J  A  S  K  I  N  I  A  Y  A  P  X  E  O
W  O  D  O  S  P  A  D  H  Ż  A  O  I  X
P  U  S  T  Y  N  I  A  O  A  U  C  M  L
```

GÓRA	MORZE
GÓRA LODOWA	OAZA
RZEKA	JEZIORO
GEJZER	PLAŻA
LODOWIEC	BAGNO
ZATOKA	DOLINA
PÓŁWYSEP	TUNDRA
JASKINIA	WULKAN
WZGÓRZE	WODOSPAD
WYSPA	PUSTYNIA

39 - Abenteuer

```
I  O  O  K  I  N  Ł  N  U  F  Y  O  S  T
G  M  G  N  Y  O  I  R  A  V  S  R  Z  R
K  F  R  T  Q  W  G  E  Y  T  Ł  P  A  U
S  P  O  J  K  Y  Y  L  Z  E  U  Z  N  D
E  N  T  U  Z  J  A  Z  M  W  E  R  S  N
Z  A  S  K  A  K  U  J  Ą  C  Y  Y  A  O
P  R  Z  Y  J  A  C  I  E  L  E  K  L  Ś
I  O  H  D  S  W  V  G  R  Q  O  R  Ł  Ć
Ę  H  D  P  Y  B  P  Y  Z  S  K  A  W  Y
K  E  J  R  P  O  D  W  A  G  A  D  V  E
N  N  O  D  Ó  S  I  U  D  K  Z  O  C  W
O  Q  E  R  H  Ż  V  V  Q  D  J  Ś  A  O
W  Ł  W  Y  C  I  E  C  Z  K  A  Ć  U  R
G  W  N  A  W  I  G  A  C  J  A  W  W  Y
```

WYCIECZKA	NOWY
ENTUZJAZM	PODRÓŻE
SZANSA	PIĘKNO
RADOŚĆ	TRUDNOŚĆ
PRZYJACIELE	ODWAGA
OKAZJA	NIEZWYKŁY
NATURA	ZASKAKUJĄCY
NAWIGACJA	

40 - Flugzeuge

```
P I L O T H Z S B I B G P T
R A I X W B R Z I B E I R U
Z Z S B Z T X A L L Ł A O R
Y E U A W F S Ł D V N Ł J B
G S Y L Ż V W O D Ó R I E U
O S N O L E Y G X M N Z K L
D B Ł N Ł B R A Ś D A X T E
A T M O S F E R A M W Ł K N
H I S T O R I A B N I Y W C
P A L I W O A T U I G G N J
Z E J Ś C I E U D E O U Ł A
P O G O D A Q G O B W K I A
O Ł P I H I D S W O A Ł I J
W Y S O K O Ś Ć A M Ć I L Q
```

PRZYGODA   BUDOWA
ZEJŚCIE   SILNIK
ATMOSFERA   NAWIGOWAĆ
BALON   PASAŻER
PALIWO   PILOT
ZAŁOGA   ŚMIGŁA
PROJEKT   TURBULENCJA
HISTORIA   WODÓR
NIEBO   POGODA
WYSOKOŚĆ

41 - Haartypen

```
P L E C I O N Y Z F K E M Q
C I E N K I Q Z A A O R I Ł
Z T C M R L U U W L L Ł Ę N
A L P Q Ó B L A V I O B K C
R V C X T S R J S S R L K K
N H D O K D P Ą X T O O I R
Y Z F K I O E A Z Y W N W Ę
G D Ł U G I E X L O E D A C
S R E B R O A G P O W L R O
Z O U G K B D B H T K Y K N
A W O B I A Ł Y F Q E I O E
R Y P Q Y R S U C H Y C L
Y V O Z Y E S Q B K Y E Z Q
Q I U N D C Y Z H D T F E J
```

BLOND
BRĄZOWY
GRUBY
CIENKI
KOLOROWE
PLECIONY
ZDROWY
SZARY
ŁYSY
KRÓTKI

DŁUGIE
LOKI
KRĘCONE
CZARNY
SREBRO
SUCHY
MIĘKKI
BIAŁY
FALISTY
WARKOCZE

42 - Essen #1

```
C D K A E C A E A M B Ł C I
Z U P A N J Y R Z E P A U V
O I M I Ę S O N A G Z H K S
S Ó L R L X R T A C M N I A
N A E W M J M U C M H Q E Ł
E Z K A W A U Ń C G O I R A
K U O D O D R C Z R I N D T
S Z P I N A K Z X U I K T K
C Y T R Y N A Y C S S O K A
T R U S K A W K A Z R V Ł U
A X M A R C H E W K A Ł D P
Y W Z B A Z Y L I A D Y X N
D L C E B U L A N D C E L Z
L D N G I D G Z T T A M Y T
```

BAZYLIA	SOK
GRUSZKA	SAŁATKA
TRUSKAWKA	SÓL
ARACHID	SZPINAK
MIĘSO	ZUPA
KAWA	TUŃCZYK
MARCHEWKA	CYNAMON
CZOSNEK	CYTRYNA
MLEKO	CUKIER
RZEPA	CEBULA

43 - Gebäude

```
O M H D H G M S Z P I T A L
B U O U O L F Z G A R A Ż X
S Z S F T M G K G G C A M A
E E T V E H G O T W K I N O
R U E W L A M Ł Q V I N Z U
W M L K O E M A V Z C E T B
A K A B I N A B N I K I Ż N
T S T O D O Ł A A P P Ł V A
O F A B R Y K A T S C Y U M
R S T A D I O N E B A X O I
I Z U Y Y I O M A Y C D Ł O
U N I W E R S Y T E T Y A T
M S U P E R M A R K E T P R
L A B O R A T O R I U M Y G
```

AMBASADA
FABRYKA
GARAŻ
DOM
HOSTEL
HOTEL
KABINA
KINO
SZPITAL
LABORATORIUM

MUZEUM
OBSERWATORIUM
STODOŁA
SZKOŁA
STADION
SUPERMARKET
TEATR
WIEŻA
UNIWERSYTET
NAMIOT

44 - Angeln

```
M  P  L  F  I  S  L  K  A  X  R  S  Z  C
N  D  R  E  K  Q  S  W  O  D  A  P  P  I
Z  A  I  Z  J  P  Y  Z  A  E  T  R  K  E
Ł  Ł  P  Ł  E  T  W  Y  C  G  K  Z  T  R
D  D  R  Ó  Z  S  H  W  C  Z  A  Ę  H  P
R  O  Z  D  I  K  A  E  P  S  Ę  T  R  L
U  A  Y  Ź  O  R  K  D  E  U  X  K  Q  I
T  D  N  S  R  Z  E  K  A  H  E  D  A  W
G  E  Ę  U  O  E  O  C  E  A  N  B  M  O
Ł  L  T  Y  J  L  K  O  S  Z  L  U  P  Ś
D  V  A  C  X  A  P  L  A  Ż  A  J  S  Ć
G  O  T  O  W  A  Ć  G  B  D  J  K  J  X
U  E  C  U  K  Z  R  H  A  J  O  N  Q  I
T  Z  W  S  E  U  Y  K  U  P  V  Ł  V  K
```

SPRZĘT	SKRZELA
ŁÓDŹ	GOTOWAĆ
DRUT	KOSZ
PŁETWY	PRZYNĘTA
RZEKA	OCEAN
CIERPLIWOŚĆ	JEZIORO
WAGA	PLAŻA
HAK	PRZESADA
SZCZĘKA	WODA

45 - Regenwald

```
V  J  Z  Q  G  I  F  F  V  C  R  J  X  P
G  Ł  C  Q  K  L  I  M  A  T  Ó  Ł  N  R
C  Y  Y  R  D  W  B  I  D  G  Ż  I  A  Z
S  H  C  P  W  T  O  C  Ż  B  N  M  T  E
X  P  M  K  V  A  T  H  U  J  O  A  U  T
Q  Ł  O  U  O  X  A  S  N  R  R  Y  R  R
C  A  W  Ł  R  A  N  S  G  N  O  G  A  W
H  Z  A  P  E  Y  I  A  L  W  D  A  U  A
O  Y  D  T  Q  C  C  K  A  T  N  T  V  N
M  C  Y  A  K  U  Z  I  S  H  O  U  X  I
W  E  Ł  K  C  E  N  N  Y  L  Ś  N  C  E
H  C  C  I  V  A  Y  Ł  O  M  Ć  E  A  O
S  H  O  H  Z  A  P  V  V  Ś  O  K  W  D
S  Z  A  C  U  N  E  K  F  L  Ć  H  H  V
```

PŁAZY　　　　　　　NATURA
GATUNEK　　　　　　SZACUNEK
BOTANICZNY　　　　SSAKI
DŻUNGLA　　　　　　PRZETRWANIE
SPOŁECZNOŚĆ　　　RÓŻNORODNOŚĆ
OWADY　　　　　　　PTAKI
KLIMAT　　　　　　　CENNY
MECH　　　　　　　　CHMURY

46 - Essen #2

```
Q  X  P  Q  I  Ł  V  W  J  O  G  U  R  T
Q  T  O  V  J  R  X  I  O  O  O  U  Y  K
R  X  M  B  S  B  O  Ś  C  T  D  O  Ż  A
L  I  I  V  R  C  W  N  Z  H  B  J  X  R
X  Y  D  J  X  N  S  I  E  P  L  J  J  C
S  F  O  D  I  N  E  A  K  S  C  E  A  Z
C  R  R  B  A  N  A  N  O  Z  U  Y  B  O
S  Z  P  A  R  A  G  I  L  E  B  S  Ł  C
E  E  W  K  P  T  R  E  A  N  R  Z  K  H
L  J  R  Ł  H  V  Z  Q  D  I  O  Y  O  X
E  I  C  A  L  F  Y  Z  A  C  K  N  B  E
R  E  S  Ż  Q  T  B  B  Ł  A  U  K  Y  A
A  P  S  A  X  M  I  G  D  A  Ł  A  D  F
T  C  V  N  J  A  J  K  O  U  Y  X  W  N
```

JABŁKO	WIŚNIA
KARCZOCH	MIGDAŁ
BAKŁAŻAN	GRZYB
BANAN	RYŻ
BROKUŁY	SZYNKA
CHLEB	CZEKOLADA
JAJKO	SELER
RYBA	SZPARAG
JOGURT	POMIDOR
SER	PSZENICA

47 - Familie

```
X  I  M  Y  K  E  A  V  A  U  U  L  W  G
I  L  A  W  C  U  Z  X  Y  J  Y  V  U  O
F  D  C  A  Q  I  Z  X  G  Q  Q  U  J  J
D  Z  I  E  C  K  O  Y  O  J  C  I  E  C
Z  I  E  X  O  N  O  T  N  A  L  L  K  O
I  A  R  B  R  A  T  V  K  W  N  U  K  W
E  D  Z  A  Z  B  R  A  T  A  N  E  K  S
C  E  Y  B  Z  T  M  Z  W  C  D  K  M  K
I  K  Ń  C  A  K  A  S  W  Ó  Q  Z  E  I
Ń  H  S  I  O  S  T  R  A  R  M  Y  B  J
S  F  K  A  L  B  K  J  L  K  I  Ą  E  H
T  C  I  X  Ł  V  A  P  A  I  J  Ż  T
W  S  I  O  S  T  R  Z  E  N  I  C  A  N
O  Ż  O  N  A  P  R  Z  O  D  E  K  W  K
```

BRAT	BRATANEK
ŻONA	SIOSTRZENICA
MĄŻ	WUJEK
WNUK	SIOSTRA
BABCIA	CIOTKA
DZIADEK	CÓRKA
DZIECKO	OJCIEC
DZIECIŃSTWO	OJCOWSKI
MATKA	KUZYN
MACIERZYŃSKI	PRZODEK

48 - Pflanzen

```
M  Z  I  F  J  Ź  I  M  H  L  T  D  D  R
E  I  I  O  O  R  U  U  M  I  X  Ł  R  O
C  O  M  A  P  Ó  B  L  U  S  Z  C  Z  Ś
H  Ł  L  D  J  D  O  E  B  P  Z  E  E  L
K  O  A  I  I  Ł  T  R  A  W  A  L  W  I
F  W  S  A  Ś  O  A  O  G  R  Ó  D  O  N
A  L  I  X  Ł  C  N  R  U  L  O  K  V  N
S  W  O  A  L  C  I  A  A  B  D  A  D  O
O  M  N  R  T  C  K  K  R  Z  A  K  Z  Ś
L  C  A  G  A  J  A  G  O  D  A  T  J  Ć
A  W  I  V  R  E  X  B  A  M  B  U  S  B
J  R  F  V  K  A  L  V  L  H  X  S  C  Ł
T  P  Ł  A  T  E  K  O  Q  Ł  E  Y  Z  H
F  D  N  A  W  Ó  Z  Y  D  G  O  Q  Y  L
```

BAMBUS	FLORA
DRZEWO	OGRÓD
JAGODA	TRAWA
KWIAT	KAKTUS
PŁATEK	ZIOŁO
FASOLA	LIŚCI
BOTANIKA	MECH
KRZAK	ROŚLINNOŚĆ
NAWÓZ	LAS
BLUSZCZ	ŹRÓDŁO

49 - Kunst

```
T  Q  T  E  A  E  S  D  G  U  O  J  Z  Y
P  M  E  C  K  M  Y  E  P  C  S  L  A  F
N  Ł  L  Z  L  C  M  M  R  Z  O  C  I  Q
T  A  R  Z  E  Ź  B  A  Z  C  B  P  N  C
O  E  S  Y  H  D  O  C  E  I  I  R  S  O
F  Z  M  T  T  L  L  E  D  W  S  O  P  N
Z  I  K  A  R  D  S  R  S  Y  T  S  I  D
N  J  I  G  T  Ó  B  A  T  H  Y  T  R  P
Q  M  K  M  P  R  J  M  A  Y  I  Y  O  O
S  T  W  Ó  R  Z  V  I  W  T  P  C  W  E
Ł  Ł  Q  M  I  R  P  C  I  Y  Ł  A  A  Z
Ł  B  F  Ł  C  Ł  O  Z  A  R  M  G  N  J
H  O  B  R  A  Z  Y  N  Ć  C  H  M  Y  A
W  I  Z  U  A  L  N  Y  Y  J  M  C  X  I
```

UCZCIWY
PROSTY
TEMAT
OBRAZY
ZAINSPIROWANY
CERAMICZNY
OSOBISTY

POEZJA
PRZEDSTAWIAĆ
STWÓRZ
RZEŹBA
NASTRÓJ
SYMBOL
WIZUALNY

50 - Gewürze

```
C L X Z C F O C A I Q C T K
P A P R Y K A S N M A W K Y
I F N J N C Y Q Y B D D H K
E S S M A K E P Ż I E Q B R
P Ó Ł K M I N E K R N M G P
R L F F O G O Ź D Z I K O W
Z T O O N Q Z E E L E W R A
S Ł O D K I E Q A U X A Z N
K O P E R W Ł O S K I Ś K I
C Y C Z O S N E K R D N I L
L X R U T L Q O R E Q Y I I
S T J U R M Q O J C J V T A
T L U F W R Y P P J N G F N
C E B U L A Y S Z A F R A N
```

ANYŻ	PAPRYKA
GORZKI	PIEPRZ
CURRY	SZAFRAN
KOPER WŁOSKI	SÓL
SMAK	KWAŚNY
IMBIR	SŁODKIE
CZOSNEK	WANILIA
KMINEK	CYNAMON
LUKRECJA	CEBULA
GOŹDZIK	

51 - Gemüse

```
C  Z  O  S  N  E  K  W  M  R  T  J  C  P
S  P  O  M  I  D  O  R  U  E  H  Ł  U  I
E  A  Z  W  V  D  O  H  L  P  A  H  C  E
V  J  Ł  K  R  D  L  D  P  Y  U  X  D  T
L  A  B  A  R  O  I  L  Y  G  Y  R  P  R
Q  G  U  U  T  C  W  N  X  N  M  T  J  U
S  T  I  R  A  K  A  L  A  F  I  O  R  S
R  Z  E  P  A  B  A  K  Ł  A  Ż  A  N  Z
M  Y  P  M  A  R  C  H  E  W  K  A  O  K
I  M  B  I  R  K  C  G  R  Z  Y  B  K  A
W  Z  N  U  N  A  B  R  O  K  U  Ł  Y  Q
S  E  L  E  R  A  Q  O  G  Ó  R  E  K  G
C  E  B  U  L  A  K  C  U  S  B  U  S  E
K  A  R  C  Z  O  C  H  T  R  A  S  Z  U
```

KARCZOCH	OLIWA
BAKŁAŻAN	PIETRUSZKA
KALAFIOR	GRZYB
BROKUŁY	RZEPA
GROCH	SAŁATKA
OGÓREK	SELER
IMBIR	SZPINAK
MARCHEWKA	POMIDOR
CZOSNEK	CEBULA
DYNIA	

52 - Katzen

```
W  X  V  S  D  J  V  H  P  K  P  W  E  S
F  B  M  Y  S  Z  F  I  G  L  A  R  N  Y
U  O  S  O  B  O  W  O  Ś  Ć  Z  K  O  E
T  G  M  R  Q  I  F  F  K  V  U  S  E  N
R  R  A  Q  Q  G  Y  U  M  Ł  R  Z  D  K
O  V  Ł  Ł  O  C  I  E  K  A  W  Y  Z  V
P  K  Y  E  G  D  Z  P  L  N  P  B  I  D
S  Z  A  L  O  N  Y  U  R  O  U  K  K  N
E  H  C  O  N  O  E  V  Ł  Z  F  I  I  I
M  Y  Ś  L  I  W  Y  Y  S  Y  Ę  G  V  Z
K  B  S  N  L  O  U  Ł  Ł  K  Q  D  A  Ł
Z  A  B  A  W  N  Y  J  J  A  T  P  Z  O
N  I  E  Ś  M  I  A  Ł  Y  Y  P  H  Y  A
N  I  E  Z  A  L  E  Ż  N  Y  S  A  Y  Ł
```

FUTRO   SEN
PRZĘDZA   SZYBKI
MYŚLIWY   NIEŚMIAŁY
ZABAWNY   OGON
PAZUR   NIEZALEŻNY
CZUŁY   SZALONY
MYSZ   FIGLARNY
CIEKAWY   MAŁY
OSOBOWOŚĆ   DZIKI
ŁAPA

53 - Tanzen

```
S  C  C  X  M  V  W  U  Y  E  Y  P  O  P
Z  K  I  H  Y  C  F  B  Ł  M  M  A  N  X
T  K  O  A  O  T  R  Z  R  O  P  R  B  Y
U  A  K  K  Ł  R  Ł  Y  C  C  S  T  N  E
K  N  H  P  M  O  E  J  V  J  Q  N  V  M
A  W  M  O  W  O  M  O  K  A  L  E  I  N
A  O  U  S  T  A  Ł  R  G  P  X  R  N  V
K  U  L  T  U  R  A  Y  W  R  R  U  C  H
M  M  R  A  T  Q  S  T  I  N  A  G  G  M
U  D  M  W  V  P  K  M  T  A  M  F  Ł  H
Z  G  O  A  A  K  A  D  E  M  I  A  I  F
Y  R  A  D  O  S  N  Y  P  R  Ó  B  A  A
K  U  L  T  U  R  A  L  N  Y  A  Z  P  M
A  T  R  A  D  Y  C  Y  J  N  Y  O  C  U
```

AKADEMIA	KULTURALNY
ŁASKA	SZTUKA
RUCH	MUZYKA
CHOREOGRAFIA	PARTNER
EMOCJA	PRÓBA
RADOSNY	RYTM
POSTAWA	SKOK
CIAŁO	TRADYCYJNY
KULTURA	

54 - Ernährung

```
V  Q  O  A  K  Z  S  Z  M  Z  T  L  L  Z
N  R  H  V  A  E  C  Ł  Z  Z  O  M  J  R
F  T  X  C  L  Z  J  L  D  D  K  F  A  Ó
T  E  M  N  O  D  Z  J  R  O  S  X  D  W
L  R  R  W  R  Y  N  J  O  J  Y  S  A  N
B  N  A  M  I  Ł  P  Y  W  A  N  P  L  O
I  C  M  W  E  S  O  S  Y  K  A  C  N  W
A  Z  M  Z  I  N  A  Z  B  O  Ż  A  Y  A
Ł  Ę  G  D  T  E  T  P  A  Ś  D  B  F  Ż
K  Ś  D  R  P  N  N  A  E  Ć  O  J  S  O
A  Ć  G  O  R  Z  K  I  C  T  R  N  M  N
V  F  Ł  W  A  G  A  Ł  E  J  Y  M  A  Y
N  J  H  I  D  I  E  T  A  B  A  T  K  H
X  Ł  F  E  W  I  T  A  M  I  N  A  E  H
```

APETYT	WAGA
ZRÓWNOWAŻONY	KALORIE
GORZKI	CZĘŚĆ
DIETA	BIAŁKA
JADALNY	JAKOŚĆ
FERMENTACJA	SOS
SMAK	TOKSYNA
ZDROWY	TRAWIENIE
ZDROWIE	WITAMINA
ZBOŻA	

55 - Technologie

```
K  A  C  B  B  H  D  V  W  S  P  Q  W  K
Z  A  N  A  L  X  P  E  I  T  R  I  Y  O
Ł  C  M  M  O  H  R  S  A  A  Z  D  Ś  M
Y  C  O  E  G  K  M  T  D  T  E  P  W  P
I  N  T  E  R  N  E  T  O  Y  G  P  I  U
Y  O  J  O  T  A  C  D  M  S  L  I  E  T
E  C  Y  F  R  O  W  Y  O  T  Ą  P  T  E
K  Z  L  O  V  P  A  R  Ś  Y  D  B  L  R
R  C  E  S  U  F  T  Z  Ć  K  A  A  A  B
A  I  K  U  R  S  O  R  W  A  R  D  C  A
N  O  Ł  P  Q  T  W  N  I  G  K  A  Z  J
V  N  G  C  L  W  E  G  R  D  A  N  E  T
W  K  S  J  Z  I  Ł  U  U  S  Ł  I  M  Y
X  A  S  O  T  S  K  R  S  X  Q  A  B  T
```

WYŚWIETLACZ	CYFROWY
EKRAN	BADANIA
BLOG	INTERNET
PRZEGLĄDARKA	KAMERA
BAJTY	WIADOMOŚĆ
KOMPUTER	CZCIONKA
KURSOR	STATYSTYKA
PLIK	WIRUS
DANE	

56 - Wasser

```
K  Ś  D  D  Ł  F  T  E  D  L  Q  Q  Ł  J
A  N  P  F  V  O  C  G  E  J  Z  E  R  E
N  I  S  K  V  M  O  N  S  U  N  M  Y  Z
A  E  P  A  R  O  W  Y  Z  M  O  R  R  I
Ł  G  Ł  H  W  K  I  Z  C  V  Z  Ó  Y  O
W  O  O  U  I  E  R  I  Z  A  O  Z  J  R
O  I  P  R  Y  S  Z  N  I  C  D  X  W  O
Ł  C  L  A  Z  B  M  U  Y  M  F  P  I  K
J  Ł  E  G  J  E  L  Ó  D  P  V  O  L  M
C  J  C  A  O  R  K  R  K  N  F  W  G  N
Q  A  B  N  N  Ć  F  A  L  E  T  Ó  O  B
N  A  W  A  D  N  I  A  N  I  E  D  T  M
P  A  R  O  W  A  N  I  E  P  Z  Ź  N  A
Y  G  A  F  U  Q  T  B  N  W  L  C  Y  M
```

NAWADNIANIE
PAROWY
PRYSZNIC
LÓD
WILGOTNY
WILGOĆ
RZEKA
POWÓDŹ
MRÓZ
GEJZER

HURAGAN
KANAŁ
MONSUN
OCEAN
DESZCZ
ŚNIEG
JEZIORO
PAROWANIE
FALE

57 - Science Fiction

```
O  I  L  U  Z  J  A  Ś  U  P  F  G  W  W
Y  G  O  P  K  K  W  W  T  L  A  A  H  Y
N  L  I  P  Q  T  Z  I  O  A  N  L  F  I
C  J  K  E  K  B  A  A  P  N  T  A  Z  M
Y  X  M  Q  Ń  M  W  T  I  E  A  K  E  A
Ł  S  K  R  A  J  N  Y  A  T  S  T  D  G
K  D  T  N  W  S  F  V  B  A  T  Y  K  I
I  I  R  G  I  Z  F  L  C  U  Y  K  S  N
B  S  N  J  H  Ł  M  O  B  J  C  A  I  O
Y  T  R  O  B  O  T  Y  D  K  Z  H  Ą  W
S  C  E  N  A  R  I  U  S  Z  N  D  Ż  A
D  Y  S  T  O  P  I  A  P  X  Y  K  K  N
T  E  C  H  N  O  L  O  G  I  A  T  I  Y
R  E  A  L  I  S  T  Y  C  Z  N  Y  N  Ł
```

KSIĄŻKI

DYSTOPIA

WYBUCH

SKRAJNY

FANTASTYCZNY

OGIEŃ

GALAKTYKA

ILUZJA

WYIMAGINOWANY

KINO

PLANETA

REALISTYCZNY

ROBOTY

SCENARIUSZ

TECHNOLOGIA

UTOPIA

ŚWIAT

58 - Haustiere

```
T  P  L  O  Q  K  K  O  Z  A  O  H  Ż  C
L  S  M  Y  C  Z  O  K  O  T  H  G  Y  H
U  N  J  Z  P  U  E  T  Ł  Ż  Ó  Ł  W  O
P  I  E  S  A  P  S  N  E  H  M  N  N  M
O  G  O  N  P  T  Z  H  M  K  J  F  O  I
H  B  K  Z  U  Ł  C  U  X  O  I  O  Ś  K
K  N  R  M  G  K  Z  G  U  Ł  E  J  Ć  T
R  F  Ó  Y  A  T  E  D  R  N  Ł  C  C  E
O  W  L  S  B  Ł  N  X  A  I  N  I  M  H
W  W  I  Z  P  A  I  Q  Z  E  G  D  G  U
A  O  K  K  V  P  A  Z  U  R  Y  K  U  U
C  D  Z  B  W  Y  K  Q  X  Z  H  P  V  U
J  A  S  Z  C  Z  U  R  K  A  J  Y  E  O
M  M  L  W  B  D  Q  P  J  S  B  Q  J  A
```

JASZCZURKA	KROWA
ŻYWNOŚĆ	SMYCZ
RYBA	MYSZ
CHOMIK	PAPUGA
KRÓLIK	ŁAPY
PIES	ŻÓŁW
KOT	OGON
KOTEK	WODA
KOŁNIERZ	SZCZENIAK
PAZURY	KOZA

59 - Geburtstag

```
Q D Y E C B U Ł I D K G V Ł
Ś W I E C E Ł R O K K A M N
U G Z M F S P I O S E N K A
K A L E N D A R Z D U L R O
S P E C J A L N Y R Z L B U
M Ą D R O Ś Ć C N A U O Q D
C C E A N X M Ł O D Y S N Y
T Z O P M O D K P O F T Z Y
G K A N T K Z Z C S L A A A
T K A S L J I J K N S R B V
B P P R E Z E N T Y O S A O
C I A S T O Ń W Z I C Z W C
U R O C Z Y S T O Ś Ć E A E
Z A P R O S Z E N I A H R Ł
```

STARSZE	KARTY
ZAPROSZENIA	ŚWIECE
UROCZYSTOŚĆ	CIASTO
RADOSNY	PIOSENKA
URODZONY	ZABAWA
PREZENT	SPECJALNY
ROK	DZIEŃ
MŁODY	MĄDROŚĆ
KALENDARZ	CZAS

60 - Literatur

```
X P O W I E Ś Ć Q H G T H P
B I O G R A F I A V J R R O
P S D N A M E B F P K A U R
O Y B M N E S S I W K G E Ó
X P P O E T Y C K I A E W W
P J I P G A S I C E N D N N
A H Y S D F T F J R A I I A
D N P T O O E B A S L A O N
O I A Y T R M I E Z I D S I
E Q A L A A A H R G Z V E E
I K P L O I T Y Ł S A S K N
R E T P O G A U T O R Y T M
R M I P V G I E R Y M U K M
X D A N P W N A R R A T O R
```

ANALOGIA	METAFORA
ANALIZA	POETYCKI
ANEGDOTA	RYM
AUTOR	RYTM
OPIS	POWIEŚĆ
BIOGRAFIA	WNIOSEK
DIALOG	STYL
NARRATOR	TEMAT
FIKCJA	TRAGEDIA
WIERSZ	PORÓWNANIE

61 - Wandern

```
C  Z  J  S  P  Ł  P  K  G  K  V  V  B  P
I  M  S  Z  R  Z  A  L  E  A  D  I  U  O
Ę  Ę  Ł  C  Z  A  G  I  M  M  Z  Z  T  G
Ż  C  O  Z  E  G  Ó  F  Y  I  P  W  Y  O
K  Z  Ń  Y  W  R  R  F  V  E  R  I  P  D
I  O  C  T  O  O  A  D  C  N  H  E  N  A
W  N  E  L  D  Ż  Ł  Z  W  I  K  R  N  G
Y  Y  U  F  N  E  V  I  E  E  E  Z  A  D
C  R  O  I  I  N  Z  K  T  D  U  Ą  T  W
M  I  Y  K  K  I  K  I  J  G  M  T  U  O
Y  U  L  W  I  A  K  L  I  M  A  T  R  D
O  R  I  E  N  T  A  C  J  A  P  Ł  A  A
Y  R  T  L  V  L  J  U  B  A  A  D  U  Y
I  P  R  Z  Y  G  O  T  O  W  A  N  I  E
```

GÓRA
KEMPING
PRZEWODNIKI
ZAGROŻENIA
SZCZYT
MAPA
KLIMAT
KLIF
ZMĘCZONY
NATURA

ORIENTACJA
CIĘŻKI
SŁOŃCE
KAMIENIE
BUTY
ZWIERZĄT
PRZYGOTOWANIE
WODA
POGODA
DZIKI

62 - Länder #2

```
J N M U K R A I N A T B W F
A A E L Y E I H G Q Q I A R
P Z K P H Y N L T M J M U A
O Ł S L A E I I A O G H G N
N U Y M I L G I A O O J A C
I E K K T Z E Q F F S A N J
A S Y R I A R X G C M M D A
L M G O K M I S E M W A A Z
B H R O S J A Y X I E J T W
A O E P A K I S T A N K P L
N K C G O V S U D A N A C A
I S J L I B E R I A F L O N
A B A A Q C E T I O P I A D
I R L A N D I A J Q X B A M
```

ALBANIA
ETIOPIA
FRANCJA
GRECJA
HAITI
IRLANDIA
JAMAJKA
JAPONIA
KENIA
LAOS

LIBERIA
MEKSYK
NEPAL
NIGERIA
PAKISTAN
ROSJA
SUDAN
SYRIA
UGANDA
UKRAINA

63 - Fahrzeuge

```
A W M G V S K P O C I Ą G R
E K T M T I A Y P F R M M O
C F Q T Z L R M R B X S K W
Ś I L R N N A F O P O N Y E
M E Ę R L I W H M L B I C R
I X V Ż S K A M B B O J I A
G K K E A T N B R O I T Ą U
Ł Ó D Ź M R A S B Ł X A G T
O M B D O A Ó O K I D X N O
W E R S C T E W Ł U Q I I B
I T U C H W V I K Ł T H K U
E R X B Ó A S P D A I E Ł S
C O B U D R A K I E T A R P
S A M B U L A N S F U X G C
```

SAMOCHÓD	SILNIK
ŁÓDŹ	RAKIETA
AUTOBUS	OPONY
ROWER	SKUTER
PROM	TAXI
TRATWA	CIĄGNIK
SAMOLOT	METRO
ŚMIGŁOWIEC	KARAWANA
AMBULANS	POCIĄG
CIĘŻARÓWKA	

64 - Musikinstrumente

```
C O Y M F L E T Q O M R J A
S M S S A K S O F O N K D T
J T K H G R U J K Ł N F P C
H A R M O N I J K A Ł L E P
H M Z A T P B M G I T A R A
A B Y N T C U A B I E C K O
R U P D R B I Z N A Z P U B
F R C O Ą O N F O J P I S Ó
A Y E L B D B C N N O A J J
P N Q I K G Ę O U F Q N A E
Z D Ł N A O B V H G R I Z W
U K L A R N E T C B F N J G
C W J O N G N U M D E O B M
I W I O L O N C Z E L A U E
```

BANJO   MANDOLINA
WIOLONCZELA   MARIMBA
FAGOT   HARMONIJKA
FLET   OBÓJ
SKRZYPCE   PUZON
GITARA   SAKSOFON
GONG   PERKUSJA
HARFA   TAMBURYN
KLARNET   BĘBEN
PIANINO   TRĄBKA

65 - Blumen

```
G O R S T O K R O T K A P H
A G R Ó P Ł A T E K O L A I
R U K C Ż K V F I T E I S B
D P L V H A S P Q Q O L S I
E J A Ś M I N E P D S I I S
N A W P A T D Z R K Ł O O K
I T E L G U K E M O O W N U
A V N U N L H S A N N Y F S
L A D M O I B U K I E T L L
Q I A E L P Q Y K C C E O N
N Z L R I A Y Q Y Z Z C W X
V W R I A N N X Ł Y N Q E T
L A Ł A A J P U A N I D R K
P I W O N I A Ł O A K X P P
```

PŁATEK   MAK
GARDENIA   ORCHIDEA
STOKROTKA   PASSIONFLOWER
HIBISKUS   PIWONIA
JAŚMIN   PLUMERIA
KONICZYNA   RÓŻA
LAWENDA   SŁONECZNIK
LILIOWY   BUKIET
LILIA   TULIPAN
MAGNOLIA

66 - Natur

```
L E R Z E K A T Y A W L F F
A R Ł G T R O P I K A L N Y
S O E M Ó J S E S L I S Ł A
V Z W I E R Z Ą T O F A T R
P J D P S N Y S O D K N A K
S A P Y M G Ł A T O K K L T
Z P U Y N D S T N W S T G Y
C I O E X A Z D E I P U D C
Z Ę A K I X M B C E O A Z Z
O K Z K O M R I E C K R I N
Ł N S X Ł J N V C Y O I K Y
Y O G U Z M N D N Z J U I Q
L I Ś C I T I Y C K N M H O
A D P U S T Y N I A A Y Ł A
```

ARKTYCZNY
GÓRY
PSZCZOŁY
DYNAMICZNY
EROZJA
RZEKA
SPOKOJNA
LODOWIEC
SANKTUARIUM
SPOKOJNY

LIŚCI
ISTOTNE
MGŁA
PIĘKNO
ZWIERZĄT
TROPIKALNY
LAS
DZIKI
PUSTYNIA

67 - Urlaub #2

```
T A X I V F K W I Z A B T Q
Z P O D R Ó Ż Y W M M W M R
W A K A C J E S K P A Y X E
P S G U K E M P I N G P G S
O Z I R M X F A Ł P S C A T
C P G T A M O R Z E L L F A
I O L O T N I S K O K A H U
Ą R E Z C A I Z R I F M Ż R
G T A O V M G C P P B X G A
O N M V B I Z G Z T I P E C
J G W Y P O C Z Y N E K A J
P Ó Z K S T O K F E Y Ł J A
T R A N S P O R T X Z X A V
E Y U A H C H O T E L A Q S
```

ZAGRANICZNY	PODRÓŻ
GÓRY	RESTAURACJA
KEMPING	PLAŻA
LOTNISKO	TAXI
WYPOCZYNEK	TRANSPORT
HOTEL	WAKACJE
WYSPA	WIZA
MAPA	NAMIOT
MORZE	POCIĄG
PASZPORT	

68 - Zirkus

```
Ż  Z  B  N  J  B  A  L  O  N  Y  M  T  K
P  O  K  A  Z  A  Ć  K  Z  P  A  A  Y  O
W  N  N  B  X  V  S  Z  R  T  O  G  G  S
I  D  N  G  K  V  P  Z  T  O  H  I  R  T
D  E  K  L  L  Y  B  E  T  W  B  K  Y  I
Z  M  B  W  U  E  C  T  V  U  D  A  S  U
N  A  M  I  O  T  R  F  A  P  C  J  T  M
E  F  N  K  Q  M  F  A  K  A  B  Z  P  A
M  A  L  G  K  A  D  C  L  R  I  L  K  B
P  D  L  E  S  Ł  O  Ń  A  A  L  Z  G  A
J  D  O  N  S  P  D  K  U  D  E  V  P  L
M  U  Z  Y  K  A  A  Z  N  A  T  U  R  D
S  P  E  K  T  A  K  U  L  A  R  N  Y  P
E  S  K  V  R  L  L  E  W  M  A  G  I  A
```

MAŁPA	MUZYKA
AKROBATA	PARADA
BALONY	SPEKTAKULARNY
KLAUN	TYGRYS
SŁOŃ	SZTUCZKA
BILET	MAGIK
ŻONGLER	POKAZAĆ
KOSTIUM	NAMIOT
LEW	WIDZ
MAGIA	

69 - Barbecues

```
P  R  M  I  A  P  P  E  L  N  Q  C  H  E
Ł  R  U  J  U  Q  I  T  Ł  A  R  S  Z  X
Y  O  Z  M  N  O  Ż  E  P  G  Ł  Ó  D  F
R  D  Y  Y  O  F  W  F  P  W  Ł  L  K  H
Y  Z  K  D  J  H  V  R  K  R  A  O  A  R
D  I  A  I  H  A  M  L  R  M  Z  I  K  C
O  N  N  F  B  Y  C  W  I  D  E  L  C  E
B  A  L  S  H  Q  M  I  O  Y  A  Ł  J  Z
I  Z  A  J  H  L  T  N  E  X  Y  G  R  J
A  P  T  B  B  Q  W  I  P  L  S  R  F  H
D  S  O  S  A  Ł  A  T  K  I  E  I  R  F
K  A  P  W  A  R  Z  Y  W  A  B  L  M  B
G  R  Y  G  O  R  Ą  C  Y  V  G  L  P  F
N  D  Z  I  E  C  I  K  U  R  C  Z  A  K
```

OBIAD	DZIECI
RODZINA	NOŻE
PRZYJACIELE	MUZYKA
OWOC	PIEPRZ
WIDELCE	SAŁATKI
WARZYWA	SÓL
GRILL	LATO
GORĄCY	SOS
KURCZAK	GRY
GŁÓD	

70 - Küche

```
W E X P L A B D B P H E Ł C
X I G R I L L Z V I W Z Y Z
U P D Z N S H B L E E A Ż A
N O Ż E C G A A O K C M K J
P E D P L C D N D A P R I N
V A Ł I U C C E Ó R R A I I
C V Ł S E G E K W N Z Ż E K
C M M E E K U B K I Y A Y B
J I T Q C R M T A K P R A N
H S A K A Z W L E G R K A S
V K V X B A K E B Ą A A R D
F A R T U C H I T B W F F C
C H O C H L A W M K Y X Q I
Ż Y W N O Ś Ć P Y A A H T C
```

ŻYWNOŚĆ	NOŻE
PAŁECZKI	PIEKARNIK
WIDELCE	PRZEPIS
ZAMRAŻARKA	FARTUCH
PRZYPRAWY	MISKA
GRILL	GĄBKA
CHOCHLA	SERWETKA
DZBANEK	KUBKI
LODÓWKA	CZAJNIK
ŁYŻKI	

71 - Schach

```
E V K K M B P M K L A V P I
Y Q R P I I C U O S M G R A
S G Ó I S E Ł G N N C U Z P
X P L X T R M D K K U C E O
N X R S R N Y U U R T Z C Ś
N H P Y Z Y Z W R Ó U Y I W
U W K G T K W V S L R K W I
L Q Y X A N E R B O N E N Ę
C Z A R N Y Y S I W I G I C
P R Z E K Ą T N A A E R K E
Z A S A D Y M Z Ł X J A M N
P T U Ł A L W G Y K S C Z I
S T R A T E G I A D C Z B E
C Z A S S Ł O W K M B R S R
```

MISTRZ	ZASADY
PRZEKĄTNA	CZARNY
PRZECIWNIK	GRA
SPRYTNY	GRACZ
KRÓL	STRATEGIA
KRÓLOWA	TURNIEJ
POŚWIĘCENIE	BIAŁY
BIERNY	KONKURS
PUNKTY	CZAS

72 - Erhaltung

```
O C G W V T P W Ł U P G Z S
X N Y Q I O Ł E O Y Y B I G
U Y M K W K B N S D H X E W
S I E D L I S K O T A H L D
Ś C D E E K N Z R O Y U O Z
R H U Z K L A M E R C C N Z
O E K D O I T N C G X I Y U
D M A R S M U I Y A K I Y D
O I C O Y A R E K N I I G M
W K J W S T A J L I E C A T
I A A I T P L S I C U T O S
S L Z E E V N Z N Z Y J X V
K I G F M H Y Y G N Q Q A D
O A U I B T X Ć Ł Y W V K S
```

EDUKACJA   EKOSYSTEM
CHEMIKALIA   PESTYCYD
ZDROWIE   RECYKLING
ZIELONY   ZMNIEJSZYĆ
KLIMAT   ŚRODOWISKO
SIEDLISKO   WODA
NATURALNY   CYKL
ORGANICZNY

73 - Geographie

```
K O A H J V M P G L O B U S
P O Ł U D N I K Ó A T L A S
Ó C N Z N A A W R Ł T L T P
Ł E Y T Q H S Y A G K U M Ś
N A F O Y D T S G D Q U Ł W
O N T U R N O P Ł C S A L I
C T L L F W E A M W F Y E A
R E G I O N P N S N O Q H T
Ó U M M H Q M M T T F H A J
W Y S O K O Ś Ć A Y M O Y V
N I W R Z E K A C P K R A J
I F G Z A C H Ó D Y A V F M
K B V E T E R Y T O R I U M
T Y Z P W Q Y V H H B Y B V
```

ATLAS	KONTYNENT
RÓWNIK	KRAJ
GÓRA	MORZE
RZEKA	POŁUDNIK
TERYTORIUM	PÓŁNOC
GLOBUS	OCEAN
PÓŁKULA	REGION
WYSOKOŚĆ	MIASTO
WYSPA	ŚWIAT
MAPA	ZACHÓD

74 - Zahlen

```
D  S  S  I  E  D  E  M  N  A  Ś  C  I  E
W  I  Z  H  D  Z  I  E  W  I  Ę  Ć  R  Y
A  E  E  O  S  I  E  M  Y  I  P  I  C  B
D  D  Ś  T  X  E  A  R  B  J  I  K  F  I
Z  E  Ć  R  S  S  T  V  O  E  Ę  D  W  A
I  M  X  Z  S  I  N  W  I  D  Ć  M  T  I
E  N  W  Y  S  Ę  Z  L  W  E  R  W  Ł  Q
Ś  G  P  X  D  T  J  H  J  N  Z  I  H  N
C  S  Z  E  S  N  A  Ś  C  I  E  P  G  I
I  L  T  R  Z  Y  N  A  Ś  C  I  E  G  U
A  C  S  Q  B  A  C  Z  T  E  R  Y  I  S
F  P  X  C  Z  T  E  R  N  A  Ś  C  I  E
Y  B  G  Ł  Y  W  D  Z  I  E  S  I  Ę  Ć
Ł  O  S  I  E  M  N  A  Ś  C  I  E  I  L
```

OSIEM	SZEŚĆ
OSIEMNAŚCIE	SZESNAŚCIE
DZIESIĘTNY	SIEDEM
TRZY	SIEDEMNAŚCIE
TRZYNAŚCIE	CZTERY
JEDEN	CZTERNAŚCIE
PIĘĆ	DZIESIĘĆ
DZIEWIĘĆ	DWADZIEŚCIA
ZERO	DWA

75 - Kunst Liefert

```
O  I  E  V  P  R  P  M  K  R  E  D  K  I
N  L  D  V  Ę  B  D  A  H  A  Y  V  L  G
S  K  E  G  D  H  D  T  A  E  M  A  E  C
A  R  E  J  Z  A  K  R  Y  L  P  E  J  Y
S  Z  T  A  L  U  G  A  D  Ł  A  M  R  N
T  E  V  E  E  W  K  M  D  K  P  S  K  A
Ó  S  D  S  U  I  G  E  Ł  O  I  N  O  R
Ł  Ł  D  V  S  Z  Q  N  N  E  E  B  L  V
V  O  J  F  Ł  B  M  T  Z  W  R  U  O  B
Y  K  R  E  A  T  Y  W  N  O  Ś  Ć  R  Ł
G  U  M  K  A  M  X  A  D  P  L  O  Y  D
G  L  I  N  A  Q  X  O  Ł  Ó  W  K  I  L
J  F  P  O  M  Y  S  Ł  Y  W  O  D  A  W
Z  S  K  E  B  V  X  K  Z  G  B  J  F  E
```

AKRYL	OLEJ
OŁÓWKI	PAPIER
KREDKI	GUMKA
PĘDZLE	SZTALUGA
KOLORY	KRZESŁO
POMYSŁY	STÓŁ
KAMERA	ATRAMENT
KREATYWNOŚĆ	GLINA
KLEJ	WODA

76 - Tage und Monate

```
W T O R E K C Z W A R T E K
R L U N T Y D Z I E Ń O Ł U
Z I X I Z N Ł V I Z Q Ł D P
E P B E S S I E R P I E Ń O
S I T D V Q M P R D N M Ś N
I E C Z E R W I E C V I R I
E C X I H S S Ą R K R E O E
Ń Q Ł E X X N T X S O S D D
S Ł G L U T Y E Y P K I A Z
O S P A N T M K R C I Ą O I
B J K A L E N D A R Z C K A
O U D L I S T O P A D E L Ł
T G R U D Z I E Ń I L N Ń E
A B D P A Ź D Z I E R N I K
```

SIERPIEŃ	KALENDARZ
GRUDZIEŃ	ŚRODA
WTOREK	MIESIĄC
CZWARTEK	PONIEDZIAŁEK
LUTY	LISTOPAD
PIĄTEK	PAŹDZIERNIK
ROK	SOBOTA
STYCZEŃ	WRZESIEŃ
LIPIEC	NIEDZIELA
CZERWIEC	TYDZIEŃ

77 - Piraten

```
W  X  P  A  P  U  G  A  J  P  C  K  R  R
Z  V  Ł  I  R  U  M  C  K  D  L  Ł  M  N
Z  Y  Y  J  Z  Q  J  X  O  J  W  A  J  Z
Z  O  W  A  Y  A  L  H  M  A  P  A  Ż  Q
Ł  Ł  Y  J  G  X  L  P  P  S  E  M  S  A
O  B  Y  E  O  L  O  H  A  K  W  K  F  H
T  L  Ł  D  D  R  Q  G  S  I  Y  O  Q  T
O  I  T  F  A  M  S  F  D  N  S  T  S  D
I  Z  M  O  N  E  T  Y  L  I  P  W  K  F
N  N  L  E  G  E  N  D  A  A  A  I  A  M
Z  A  Ł  O  G  A  Ł  M  K  N  G  C  R  I
I  L  S  F  K  A  P  I  T  A  N  A  B  E
U  Z  J  C  E  Y  T  Z  A  F  B  Z  B  C
N  Y  K  L  K  Z  R  T  M  K  K  B  A  Z
```

PRZYGODA	KOMPAS
KOTWICA	LEGENDA
ZAŁOGA	MONETY
FLAGA	BLIZNA
PŁYWY	PAPUGA
ZŁOTO	RUM
JASKINIA	SKARB
WYSPA	ZŁY
KAPITAN	MIECZ
MAPA	PLAŻA

78 - Emotionen

```
T  Z  I  L  U  S  C  S  C  R  Z  U  V  N
L  L  H  Z  Z  T  J  X  Z  J  A  P  L  I
Ł  M  H  Q  R  R  L  C  U  X  W  Q  X  E
J  I  U  L  G  A  F  H  Ł  Z  A  J  S  S
S  Ł  Y  E  V  C  A  W  O  R  R  D  M  P
P  O  K  Ó  J  H  I  W  Ś  B  T  Q  U  O
O  Ś  B  R  A  D  O  Ś  Ć  H  O  R  T  D
K  Ć  G  N  I  E  W  Z  N  T  Ś  A  E  Z
Ó  Ż  Y  C  Z  L  I  W  O  Ś  Ć  G  K  I
J  W  S  P  Ó  Ł  C  Z  U  C  I  E  I  A
S  F  Ł  R  W  D  Z  I  Ę  C  Z  N  Y  N
Z  A  K  Ł  O  P  O  T  A  N  Y  U  V  K
N  S  Y  T  J  Ł  M  Ł  X  E  Y  D  J  A
H  N  Z  A  D  O  W  O  L  O  N  A  Q  L
```

STRACH
ZAKŁOPOTANY
WDZIĘCZNY
RADOŚĆ
ŻYCZLIWOŚĆ
POKÓJ
ZAWARTOŚĆ
NUDA
MIŁOŚĆ

ULGA
SPOKÓJ
WSPÓŁCZUCIE
SMUTEK
NIESPODZIANKA
GNIEW
CZUŁOŚĆ
ZADOWOLONA

79 - Zu Füllen

```
B P H W A L I Z K A Ł U E K
U A S Z U F L A D A K S Ł I
T K S O Ł B E C Z K A K M X
E I O E Y F N G M V R R L A
L E K P N T O R B A T Z R W
K T P U E X J L D Ł O Y M I
A Ł D D F R Z X D E N N S K
R M J E N K T S K E W I K O
J E B Ł W H Q A Y I R A M M
L J E K A K O S Z H T V I Ł
R J U O Q J I Ł P W A Z O N
W I A D R O F O N I C L Z I
K N A C Z Y N I E W A N N A
S U K Z M R L K R U R A X E
```

BASEN	FOLDER
PUDEŁKO	PAKIET
WIADRO	RURA
BECZKA	NACZYNIE
BUTELKA	SZUFLADA
KARTON	TACA
SKRZYNIA	TORBA
WALIZKA	KOPERTA
KOSZ	WAZON
SŁOIK	WANNA

80 - Surfen

```
C  L  T  P  B  Ż  O  A  R  H  L  M  S  O
Ł  Y  Ł  Ł  R  O  C  Z  A  B  A  W  A  B
Y  X  U  Y  R  Ł  E  M  E  S  B  R  E  N
S  M  M  W  A  Ą  A  F  K  G  T  O  Q  X
I  P  Y  A  F  D  N  A  W  I  O  S  Ł  O
Ł  Q  O  Ć  A  E  O  L  V  T  V  P  A  E
A  I  S  P  S  K  R  A  J  N  Y  R  M  A
T  R  U  Q  U  P  A  B  A  T  F  Ę  P  N
L  U  V  M  Ł  L  I  S  T  Y  L  D  O  F
E  U  A  I  X  A  A  A  K  H  Z  K  G  L
T  Q  C  S  W  Ż  E  R  N  Q  B  O  O  X
A  B  S  T  S  A  O  U  N  K  L  Ś  D  T
D  T  E  R  O  T  E  V  G  Y  A  Ć  A  W
P  O  C  Z  Ą  T  K  U  J  Ą  C  Y  Ł  Q
```

POCZĄTKUJĄCY   RAFA
ATLETA   PIANKA
POPULARNY   PŁYWAĆ
MISTRZ   ZABAWA
SKRAJNY   SIŁA
PRĘDKOŚĆ   STYL
ŻOŁĄDEK   PLAŻA
TŁUMY   FALA
OCEAN   POGODA
WIOSŁO

81 - Möbel

```
M P W A E K D R K O Ł D R Y
P W U W J O Y D E J Q Z A X
N T T P J M W S K G H A Z I
Y P V D C O A E R K A S O F
C S B D U D N T Z T M Ł L A
Y O N R X A S F E A A O A N
P O D U S Z K A S R K N M K
B R O Ł L V L V Ł C A Y P A
I E K X A B M P O Ł M C A N
U P E S Ł W L E F U T O N A
R Ó E P Ó X K G O D G U T P
K Ł K C Ż Ł I A T S J U X A
O K I A K K T R E Z M Y H J
U I O I O J L M L U S T R O
```

ŁAWKA	LAMPA
ŁÓŻKO	MATERAC
KOŁDRY	PÓŁKI
REGAŁ	BIURKO
KANAPA	FOTEL
FUTON	LUSTRO
HAMAK	KRZESŁO
PODUSZKA	DYWAN
KOMODA	ZASŁONY

82 - Kräuterkunde

```
O  N  M  G  J  M  E  D  M  K  W  F  X  V
V  G  A  J  E  S  T  R  A  G  O  N  Ł  I
C  A  R  F  A  P  J  W  J  D  L  P  I  E
K  J  O  Ó  L  I  S  Y  E  L  U  K  E  E
Z  A  M  Z  D  E  T  Z  R  A  Ł  U  I  R
I  K  A  T  N  T  Z  B  A  Z  Y  L  I  A
E  O  T  L  W  R  A  Z  N  F  B  I  E  L
L  Ś  Y  D  I  U  M  O  E  U  R  N  K  A
O  Ć  C  Z  O  S  N  E  K  S  M  A  K  W
N  J  Z  R  O  Z  M  A  R  Y  N  R  N  E
Y  W  N  A  R  K  W  I  A  T  N  N  L  N
E  R  Y  I  A  A  E  G  I  S  Q  Y  E  D
U  V  V  T  Y  M  I  A  N  E  K  J  J  A
K  O  P  E  R  W  Ł  O  S  K  I  H  Q  L
```

AROMATYCZNY	CZOSNEK
BAZYLIA	KULINARNY
KWIAT	LAWENDA
KOPER	MAJERANEK
ESTRAGON	PIETRUSZKA
KOPER WŁOSKI	JAKOŚĆ
OGRÓD	ROZMARYN
SMAK	SZAFRAN
ZIELONY	TYMIANEK

83 - Tugenden #1

```
S  I  T  T  C  Z  Y  S  T  Y  H  T  Ł  P
X  K  N  P  E  W  N  I  U  K  O  T  U  A
Z  K  R  T  W  Z  Y  R  D  D  J  M  L  C
A  X  X  O  E  P  O  M  O  C  N  Y  G  J
B  T  I  F  M  L  S  T  B  P  Y  F  Ł  E
A  Z  Z  O  Ą  N  I  U  R  O  C  Z  Y  N
W  B  W  W  D  S  Y  G  Y  B  D  B  U  T
N  K  Ł  E  R  R  C  I  E  K  A  W  Y  W
Y  W  P  S  Y  D  F  I  L  N  B  Y  R  Y
P  R  A  K  T  Y  C  Z  N  Y  T  X  A  D
D  E  C  Y  D  U  J  Ą  C  Y  R  N  U  A
D  S  C  N  A  M  I  Ę  T  N  Y  X  Y  J
A  R  T  Y  S  T  Y  C  Z  N  Y  A  S  N
B  Z  N  I  E  Z  A  W  O  D  N  Y  Q  Y
```

SKROMNY	ZABAWNY
UROCZY	ARTYSTYCZNY
WYDAJNY	NAMIĘTNY
DECYDUJĄCY	CIEKAWY
PACJENT	PRAKTYCZNY
HOJNY	CZYSTY
DOBRY	MĄDRY
POMOCNY	NIEZAWODNY
INTELIGENTNY	PEWNI

84 - Aktivitäten und Freizeit

```
O  Ł  P  Ł  Y  W  A  N  I  E  M  K  P  P
Z  K  O  S  Z  Y  K  Ó  W  K  A  E  O  I
K  S  T  J  A  Ś  S  J  Ę  J  L  M  D  Ł
B  I  D  B  K  C  Ł  T  D  C  A  P  H  K
L  A  N  R  U  I  Z  B  K  Q  R  I  P  A
T  T  S  H  P  G  D  Y  A  B  S  N  S  N
K  K  Z  E  Y  I  A  B  R  P  T  G  J  O
G  Ó  T  R  B  R  Ł  A  S  G  W  Ł  A  Ż
R  W  U  A  U  A  L  R  T  B  O  K  S  N
D  K  K  S  R  R  L  S  W  B  R  L  N  A
G  A  A  R  T  Y  R  L  O  S  L  F  F  K
P  O  D  R  Ó  Ż  W  Ę  D  R  Ó  W  K  I
T  E  N  I  S  U  R  F  I  N  G  R  Q  O
K  O  N  U  R  K  O  W  A  N  I  E  Ł  V
```

WĘDKARSTWO	SZTUKA
BASEBALL	PODRÓŻ
KOSZYKÓWKA	WYŚCIGI
BOKS	PŁYWANIE
KEMPING	SURFING
ZAKUPY	NURKOWANIE
PIŁKA NOŻNA	TENIS
MALARSTWO	SIATKÓWKA
GOLF	WĘDRÓWKI

85 - Formen

```
K L I N I A T Ł C Ł O Ł U K
R W I N A H I O K R K W F Q
A J A M Ł R Q T C F R I I P
W E V D G R O P T B Ą E B I
Ę L P T R O V Ż H V G L O R
D I R U Y A L Y N P Ł O K A
Z P O A Z H T K K I Y K B M
I S S J C A Q G O B K Ą T I
E A T Y I E Z M Z W W T R D
S T O Ż E K R Z Y W A Y Ó A
V B K G P R Y Z M A T L J R
L F Ą S Z E Ś C I A N K K R
R I T H I P E R B O L A Ą N
K O Ł O C Y L I N D E R T W
```

ŁUK	OWAL
TRÓJKĄT	WIELOKĄT
NAROŻNIK	PRYZMAT
ELIPSA	PIRAMIDA
HIPERBOLA	KWADRAT
KRAWĘDZIE	PROSTOKĄT
STOŻEK	OKRĄGŁY
KOŁO	BOK
KRZYWA	SZEŚCIAN
LINIA	CYLINDER

86 - Adjektive #2

```
N O W Y A E J H L E S N S G
O W B P U J L D U M N Y I R
R R S V T E A E G O D W L D
M Ś W I E Ż Y D G Ł S O N Z
A S Ł O N Y C I A A O D Y I
L S M P T L Ł N X L N D M K
N Ł J I Y T R R I N N C N I
A A Z S C T W Ó R C Z Y K Y
X W A O Z D R O W Y A F F I
Y N M W N N A T U R A L N Y
B Y C Y Y P I K A N T N Y H
I N T E R E S U J Ą C Y R J
D R A M A T Y C Z N Y L Q G
P R O D U K T Y W N Y Q U U
```

AUTENTYCZNY	TWÓRCZY
SŁAWNY	NATURALNY
OPISOWY	NOWY
DRAMATYCZNY	NORMALNA
ELEGANCKI	PRODUKTYWNY
JADALNY	SŁONY
ŚWIEŻY	SILNY
ZDROWY	DUMNY
GŁODNY	DZIKI
INTERESUJĄCY	PIKANTNY

87 - Kleidung

```
B X K S P Ó D N I C A K B F
R I H P W E Ż Q D Z W A L A
Ę O Ż W P P I Ż A M A P U R
K Z A U T O N Ł W K F E Z T
A B U T T C S F B O J L A U
W S N O J E Y O T S S U B C
I P W G I R R C K Z U S P H
C O M E C S U I C U K Z Ł K
Z D S O T T S Z A L I K A U
K N U M D E M C Ł A E D S R
I I G L G A R O W U N B Z T
O E A T Q L M P A S K C C K
N A S Z Y J N I K W A M Z A
B R A N S O L E T K A E L L
```

BRANSOLETKA	SUKIENKA
BLUZA	PŁASZCZ
PAS	MODA
NASZYJNIK	SWETER
RĘKAWICZKI	SPÓDNICA
KOSZULA	SZALIK
SPODNIE	PIŻAMA
KAPELUSZ	BIŻUTERIA
KURTKA	BUT
DŻINSY	FARTUCH

88 - Sommer

```
P P K Ł P Ł Y W A Ć K R R G
F O H E P L A Ż A J S P O W
M I D B M E Z Ż F W I L D I
M E G R X P L Y K R Ą N Z A
T O N C Ó O I W Z A Ż U I Z
U H R B Z Ż M N P D K R N D
Y M U Z Y K A O G O I K A Y
M Q F W E F Y Ś R Ś D O S O
R E L A K S R Ć Y Ć F W A G
W A K A C J E F V X H A N R
T D X N P J V G F F Ł N D Ó
P R Z Y J A C I E L E I A D
W S P O M N I E N I A E Ł Y
W Y P O C Z Y N E K O H Y Z
```

KSIĄŻKI
KEMPING
RELAKS
WSPOMNIENIA
ŻYWNOŚĆ
RODZINA
WYPOCZYNEK
RADOŚĆ
PRZYJACIELE
OGRÓD

MORZE
MUZYKA
PODRÓŻ
SANDAŁY
PŁYWAĆ
GRY
GWIAZDY
PLAŻA
NURKOWANIE
WAKACJE

89 - Farben

```
F I S R Ó Ż O W Y C D B W I
A U X E M R K P Ł I U E G N
L N K Ż P T S T T P C Ż F D
A N N S Ó I J L M S Z O Y Y
Z I T T J Ł A W O M A W J G
U E X Ł E A T P V A R Y O O
R B I A Ł Y W Y Q G N P T L
F I O L E T O W Y E Y F J C
X E C C Z E R W O N Y F S S
B S V N S R J W F T N R N Z
H K X W Ł K Ł S A A H W K A
Z I E L O N Y X Y V N D D R
K Q P O M A R A Ń C Z O W Y
B R Ą Z O W Y C Y J A N W L
```

LAZUR	FIOLETOWY
BEŻOWY	MAGENTA
NIEBIESKI	POMARAŃCZOWY
BRĄZOWY	RÓŻOWY
FUKSJA	CZERWONY
ŻÓŁTY	CZARNY
SZARY	SEPIA
ZIELONY	BIAŁY
INDYGO	CYJAN

90 - Haus

```
B  M  M  X  D  A  C  H  J  Y  U  G  P  O
U  I  O  G  R  Ó  D  V  S  R  S  A  R  F
Y  O  B  Y  Z  Ł  M  F  D  Z  F  R  Y  P
D  T  L  L  W  I  Z  U  Y  A  G  A  S  O
J  Ł  Ł  Q  I  Ś  C  I  A  N  A  Ż  Z  K
J  A  P  U  M  O  L  N  Q  M  Z  N  N  Ó
S  U  F  I  T  K  T  A  X  W  J  P  I  J
T  U  C  G  E  N  T  E  M  Ł  M  U  C  M
L  D  Ł  J  H  O  X  I  K  P  Ł  M  O  I
K  U  C  H  N  I  A  M  W  A  A  E  B  P
O  X  S  Y  P  I  A  L  N  I  A  B  O  Q
M  C  S  T  R  Y  C  H  P  X  F  L  Q  M
I  E  O  G  R  O  D  Z  E  N  I  E  W  G
N  D  Ł  Y  K  O  M  I  N  E  K  A  O  D
```

MIOTŁA	KUCHNIA
BIBLIOTEKA	LAMPA
DACH	MEBLE
STRYCH	SYPIALNIA
SUFIT	KOMIN
PRYSZNIC	LUSTRO
OKNO	DRZWI
GARAŻ	ŚCIANA
OGRÓD	OGRODZENIE
KOMINEK	POKÓJ

91 - Bauernhof #1

```
A M R O F K M U Ś N Q S M Q
E A Z M W C B G W O D A J I
K O T R F G T M I Ó D O K I
E D D H Z S I A N O X G U X
Z J Y E Z I E M I A O R R Ł
P S Z C Z O Ł A A R P O C N
R O L N I C T W O Ł U D Z V
P V S B T G N V R K O Z A P
F O C I E L Ę A N O V E K P
M Y L K O P N Q W U E N O X
M Z Ł E Y Ł R Y Ż Ó K I Ń L
P I E S W R O N A S Z E X G
J M Z C T E B S Z O T A B U
Q N X T J A L K R O W A E M
```

PSZCZOŁA   WRONA
NAWÓZ   KROWA
OSIOŁ   ZIEMIA
POLE   ROLNICTWO
SIANO   KOŃ
MIÓD   RYŻ
KURCZAK   ŚWINIA
PIES   WODA
CIELĘ   OGRODZENIE
KOT   KOZA

92 - Berufe #1

```
Q Z T S K S I Ę G O W Y K A
J N R K S A S T R O N O M S
P I E L Ę G N I A R K A Ł A
B A N K I E R L E K A R Z R
N U E X J G B H F H D Q H T
T C R D A X M Y Ś L I W Y Y
P I A N I S T A F U N P D S
V A Z A M B A S A D O R R T
A B M E C H A N I K B A A A
C S U K R A W I E C H W U H
Z L Z J U B I L E R R N L E
P S Y C H O L O G Y K I I Ł
H C K A R T O G R A F K K U
L T A N C E R Z G E O L O G
```

LEKARZ	PIELĘGNIARKA
ASTRONOM	ARTYSTA
BANKIER	MECHANIK
AMBASADOR	MUZYK
KSIĘGOWY	PIANISTA
GEOLOG	PSYCHOLOG
MYŚLIWY	PRAWNIK
JUBILER	KRAWIEC
KARTOGRAF	TANCERZ
HYDRAULIK	TRENER

93 - Adjektive #1

```
C  C  E  N  N  Y  O  Y  D  S  Z  Z  N  S
I  B  I  V  O  E  D  P  O  W  O  L  I  Z
Ę  V  E  E  D  Z  Y  G  S  A  N  Y  E  C
Ż  A  E  S  N  G  Z  Ł  K  B  O  M  W  Z
K  F  T  I  M  K  L  Ę  O  S  W  J  I  Ę
I  C  W  R  S  Q  I  B  N  O  O  U  N  Ś
R  Z  R  G  A  X  J  O  A  L  C  C  N  L
W  A  Ż  N  Y  K  Y  K  Ł  U  Z  Z  Y  I
P  I  Ę  K  N  Y  C  I  Y  T  E  C  J  W
A  K  T  Y  W  N  Y  Y  A  N  S  I  Y  Y
O  G  R  O  M  N  Y  M  J  Y  N  W  Ł  H
L  P  T  F  A  C  I  E  M  N  Y  Y  O  P
A  R  T  Y  S  T  Y  C  Z  N  Y  P  A  W
A  R  O  M  A  T  Y  C  Z  N  Y  Q  K  P
```

ABSOLUTNY	NOWOCZESNY
AKTYWNY	DOSKONAŁY
AROMATYCZNY	OGROMNY
ATRAKCYJNY	PIĘKNY
CIEMNY	CIĘŻKI
CIENKI	GŁĘBOKI
UCZCIWY	NIEWINNY
SZCZĘŚLIWY	CENNY
ARTYSTYCZNY	WAŻNY
POWOLI	

94 - Mathematik

```
T P R O M I E Ń T N K Y S X
R R Ó W N O L E G Ł O B O K
Ó O B W Ó D B F R A K C J A
J S U M A K J J S G J M Y G
K T P Ł V B I Ę K Y H H E
Ą O S K W A D R A T A Q E O
T P R O S T O K Ą T O G K M
Y A R Ó W N A N I E S Ś S E
Z D W I E L O K Ą T C R Ć T
D Ł W Y K Ł A D N I K R I R
H Y S Y M E T R I A Y O Q I
U J R Ó W N O L E G Ł Y V A
A R Y T M E T Y K A K Ą T Y
D Z I E S I Ę T N Y E E O U
```

ARYTMETYKA	KWADRAT
FRAKCJA	PROMIEŃ
DZIESIĘTNY	PROSTOKĄT
TRÓJKĄT	PROSTOPADŁY
WYKŁADNIK	SUMA
GEOMETRIA	SYMETRIA
RÓWNANIE	OBWÓD
RÓWNOLEGŁY	OBJĘTOŚĆ
RÓWNOLEGŁOBOK	KĄTY
WIELOKĄT	

95 - Messungen

```
U M K D M L R O S S U W L K
K N U I E G I S Z G K Y I I
I J C S T L A T E D U S N L
L V E J R T D O R Z T O M O
O L N Ł A H V P O I O K U G
M G T G R A M I K E N O S R
E A Y O C O C E O S A Ś D A
T L M B S X C Ń Ś I F Ć Ł M
R S E J A B R V Ć Ę L Ł U A
J E T Ę E J K Z O T P B G S
C H R T O T T K A N H H O A
G K C O W A G A E Y V Z Ś T
W V N Ś G Ł Ę B O K O Ś Ć T
C A L Ć Q W M I N U T A N Z
```

SZEROKOŚĆ	LITR
BAJT	MASA
DZIESIĘTNY	METR
WAGA	MINUTA
STOPIEŃ	GŁĘBOKOŚĆ
GRAM	TONA
WYSOKOŚĆ	UNCJA
KILOGRAM	OBJĘTOŚĆ
KILOMETR	CENTYMETR
DŁUGOŚĆ	CAL

96 - Schlösser

```
W F N A O K D G Ś T M P K Ł
I E M G L T P J C W K A R W
E U M I B Z T U I I S Ł Ó O
Ż D I M E E N E A E I A L L
A A E M S M O K N R Ą C E K
C L C Z P Z V O A D Ż H S A
R N Z A S E L Ń R Z Ę Q T T
R Y C E R Z R A K A N L W A
Ł B R J P V S I C O R C O P
D Y N A S T I A U H R X Q U
Z B R O J A H K T M E O H L
M X F U T A R C Z A X T N T
Z J E D N O R O Ż E C Y N A
O Q K S I Ę Ż N I C Z K A Y
```

SMOK	KOŃ
DYNASTIA	KSIĄŻĘ
SZLACHETNY	KSIĘŻNICZKA
JEDNOROŻEC	IMPERIUM
TWIERDZA	RYCERZ
FEUDALNY	ZBROJA
KATAPULTA	TARCZA
KRÓLESTWO	MIECZ
KORONA	WIEŻA
PAŁAC	ŚCIANA

97 - Bauernhof #2

```
W A R Z Y W O O V D K X U U
U N J M Y U J U M L A J L L
P P S L Ł X K L X X C X H Q
A Z U E H Ł C J Z T Z Ł K R
S R I K G Ą L K N Ł K W L S
T Z O O K K M V X I A I T C
E L W L S A D O J R Z A Ł Y
R K O A N I D I V X J T S J
Z Ł C M C I Ą G N I K R T A
I Q N A V Y K U Z S Y A O G
N A W A D N I A N I E K D N
K I X W P S Z E N I C A O I
Z Z U K U K U R Y D Z A Ł Ę
O W C E J Ę C Z M I E Ń A E
```

ROLNIK	MLEKO
NAWADNIANIE	SAD
UL	DOJRZAŁY
KACZKA	OWCE
OWOC	PASTERZ
WARZYWO	STODOŁA
JĘCZMIEŃ	CIĄGNIK
LAMA	PSZENICA
JAGNIĘ	ŁĄKA
KUKURYDZA	WIATRAK

98 - Berufe #2

```
F O T O G R A F N N J L O W
D D W B T F B I H A Ę E G F
E E Y H I M I L P U Z K R N
T Z N I N J B O T C Y A O B
E O A T Ż C L Z B Z K R D I
K O Ł Y H I O A Y O Z N O T
T L A S N S O F D C Z N I L
Y O Z D I W T E A I N R K O
W G C S E E E A C E A J G G
G E A K R U K R Z L W X L S
A S T R O N A U T A C J U U
P I L O T Z R M A L A R Z C
E E H N O I Z C H I R U R G
D Z I E N N I K A R Z H U S
```

LEKARZ	INŻYNIER
ASTRONAUTA	DZIENNIKARZ
BIBLIOTEKARZ	NAUCZYCIEL
BIOLOG	JĘZYKOZNAWCA
CHIRURG	MALARZ
DETEKTYW	FILOZOF
WYNALAZCA	PILOT
BADACZ	DENTYSTA
FOTOGRAF	ZOOLOG
OGRODNIK	

99 - Erforschung

```
O D G N Z S E T J K N N A Q
D E P O D N I E C E N I E T
K T R W Z A G R O Ż E N I A
R E Z Y I D Q W D D H H F H
Y R E P A F Z Y W L Z Y M D
C M S V Ł N W C A F G I B Y
I I T Q A M I Z G R Y N K T
E N R K L O E E A W X K G I
B A Z U N E R R Z Ł C Y P U
O C E L O I Z P U N I I J X
M J Ń T Ś P Ą A H Y A R Ę E
U A M U Ć T T N R E U N Z M
P O D R Ó Ż X I H K C A Y J
C V I Y F C T E R E N J K K
```

DZIAŁALNOŚĆ	ODWAGA
PODNIECENIE	NOWY
ODKRYCIE	PRZESTRZEŃ
DETERMINACJA	PODRÓŻ
WYCZERPANIE	JĘZYK
ZAGROŻENIA	ZWIERZĄT
TEREN	NIEZNANY
KULTURY	DZIKI

100 - Wetter

```
Q  S  T  C  Y  T  O  R  N  A  D  O  H  B
U  S  O  C  T  H  I  K  I  U  S  T  U  R
D  I  S  H  E  P  T  D  E  S  G  Y  R  Y
I  E  R  M  M  G  Ł  A  B  U  R  Z  A  Z
P  F  A  U  P  O  J  O  O  S  Z  N  G  A
P  G  X  R  E  O  N  H  U  Z  M  E  A  E
P  O  L  A  R  N  Y  S  K  A  O  R  N  M
L  U  W  I  A  T  R  U  U  L  T  J  Ł  C
H  Ó  S  D  T  Z  E  C  N  N  I  Ł  V  X
G  N  D  H  U  L  Z  H  Z  F  T  M  B  D
S  P  I  O  R  U  N  Y  Y  J  F  O  A  F
T  Ę  C  Z  A  O  U  L  J  N  N  H  X  T
J  B  J  F  A  T  M  O  S  F  E  R  A  Z
C  D  T  R  O  P  I  K  A  L  N  Y  Z  P
```

ATMOSFERA	MGŁA
PIORUN	POLARNY
BRYZA	TĘCZA
GRZMOT	BURZA
SUSZA	TEMPERATURA
LÓD	TORNADO
NIEBO	SUCHY
HURAGAN	TROPIKALNY
KLIMAT	WIATR
MONSUN	CHMURA

1 - Ozean

2 - Schule #1

3 - Meditation

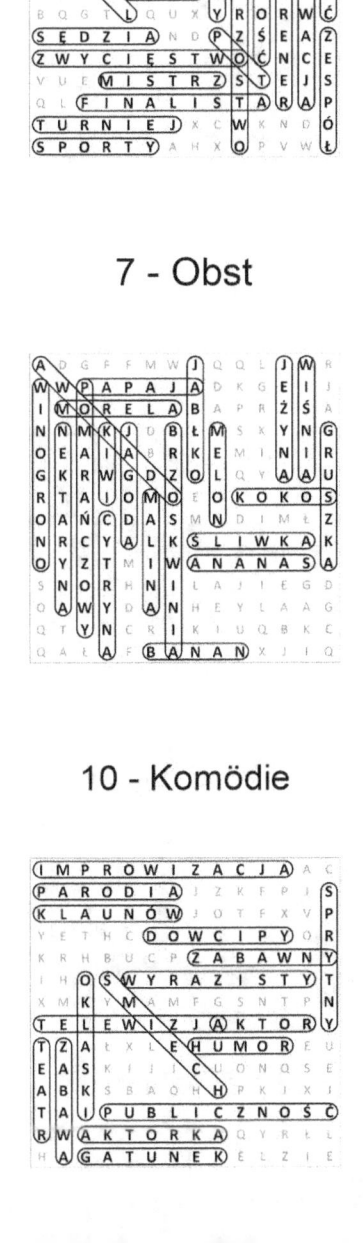
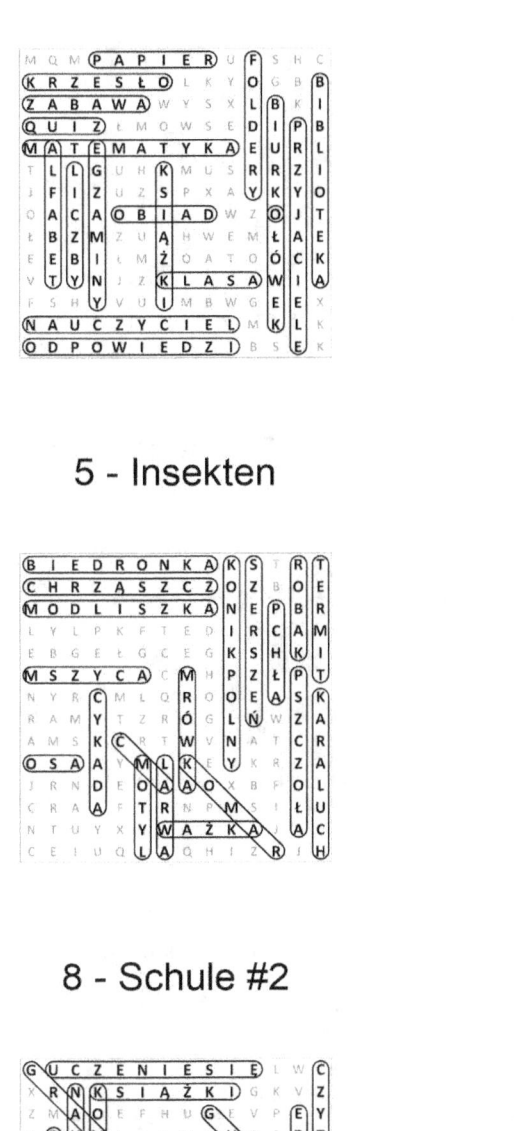
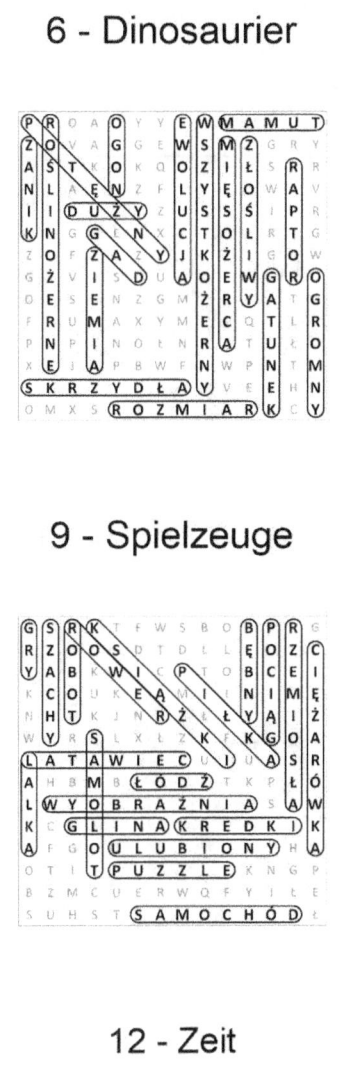

4 - Meisterschaft

5 - Insekten

6 - Dinosaurier

7 - Obst

8 - Schule #2

9 - Spielzeuge

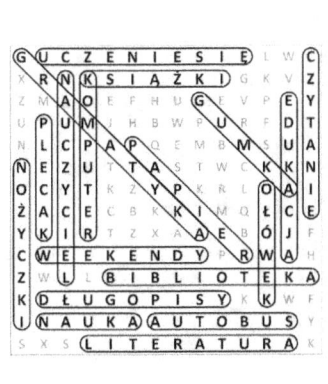

10 - Komödie

11 - Camping

12 - Zeit

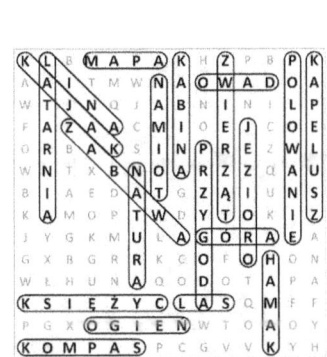
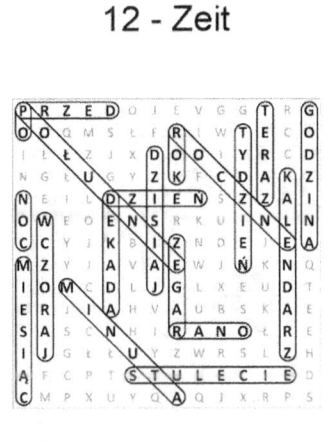

13 - Säugetiere

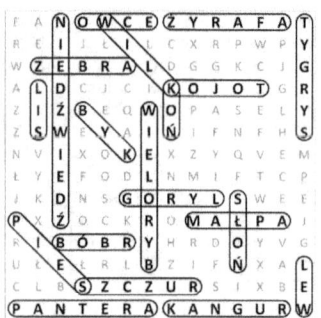

14 - Astronomie

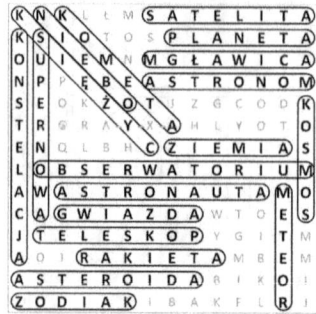

15 - Ballett

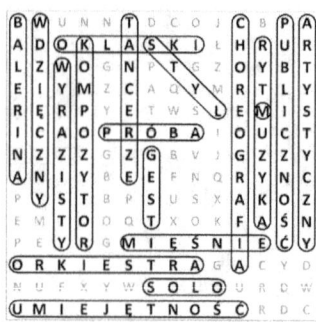

16 - Strand

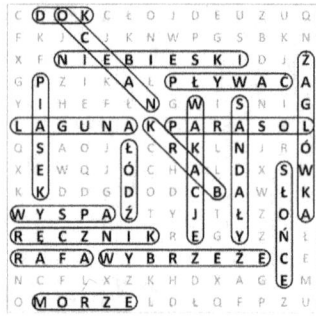

17 - Restaurant #1

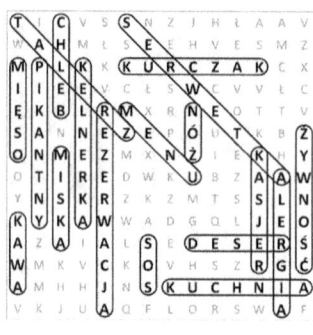

18 - Geologie

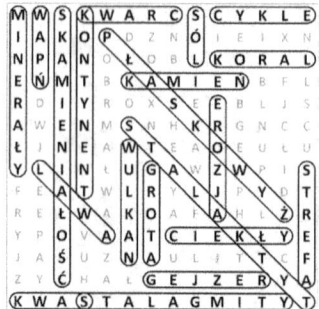

19 - Wissenschaft

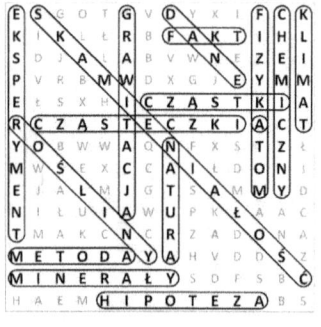

20 - Bildende Kunst

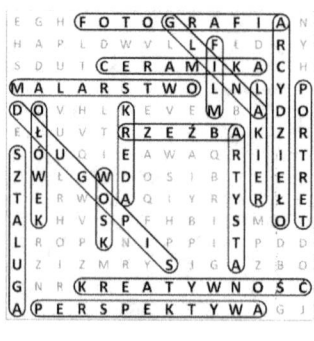

21 - Sport

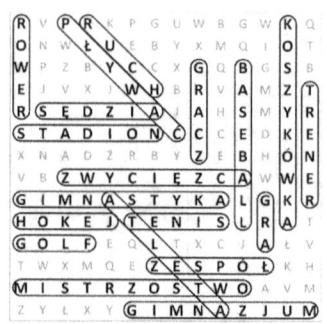

22 - Mythologie

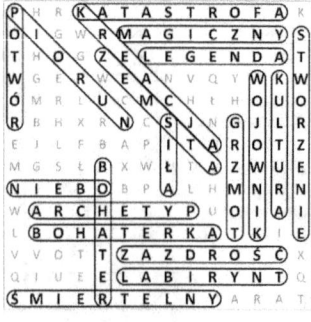

23 - Restaurant #2

24 - Ökologie

25 - Schokolade

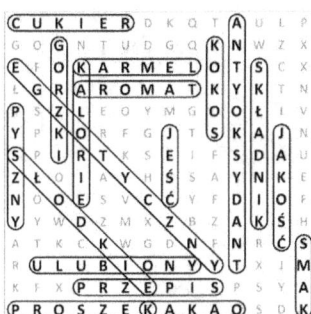

26 - Boote

27 - Stadt

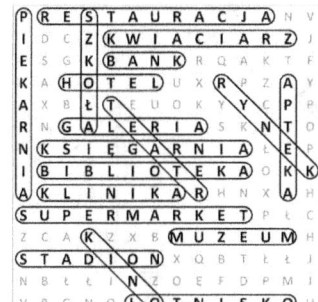

28 - Aktivitäten

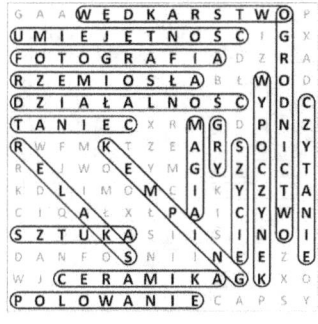

29 - Bienen

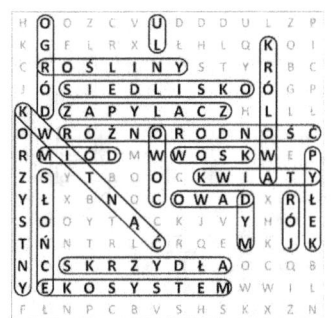

30 - Wissenschaftliche

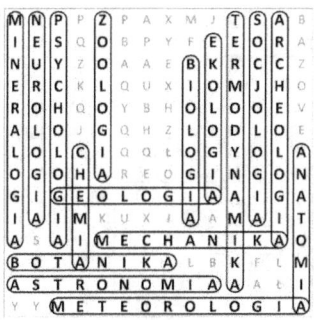

31 - Vögel

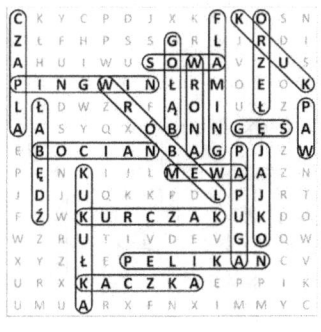

32 - Garten

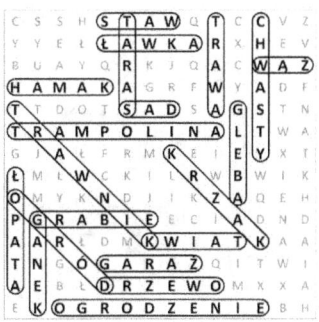

33 - Antarktis

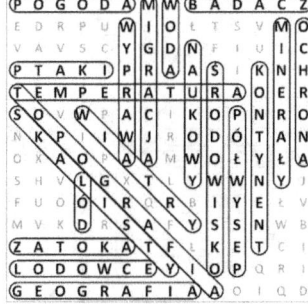

34 - Fahren

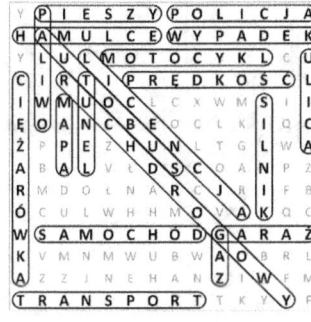

35 - Bücher

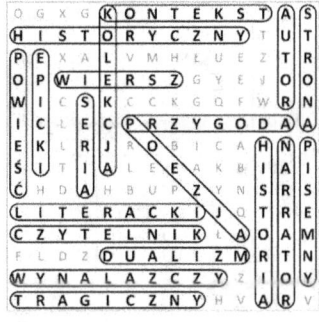

36 - Menschlicher Körper

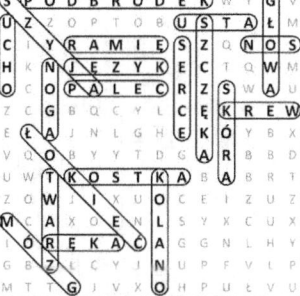

37 - Klettern

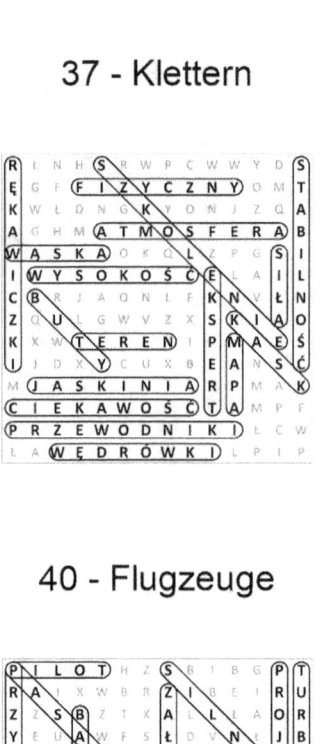

38 - Landschaften

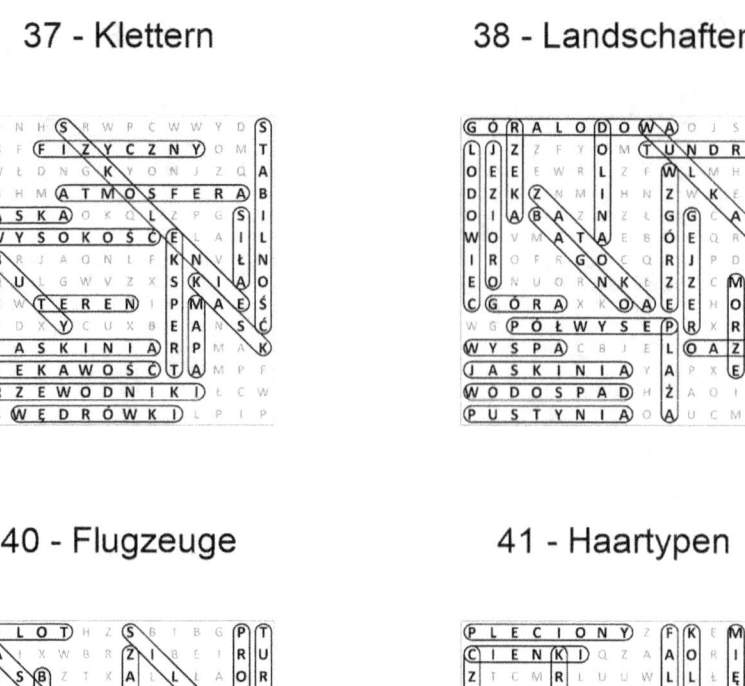

39 - Abenteuer

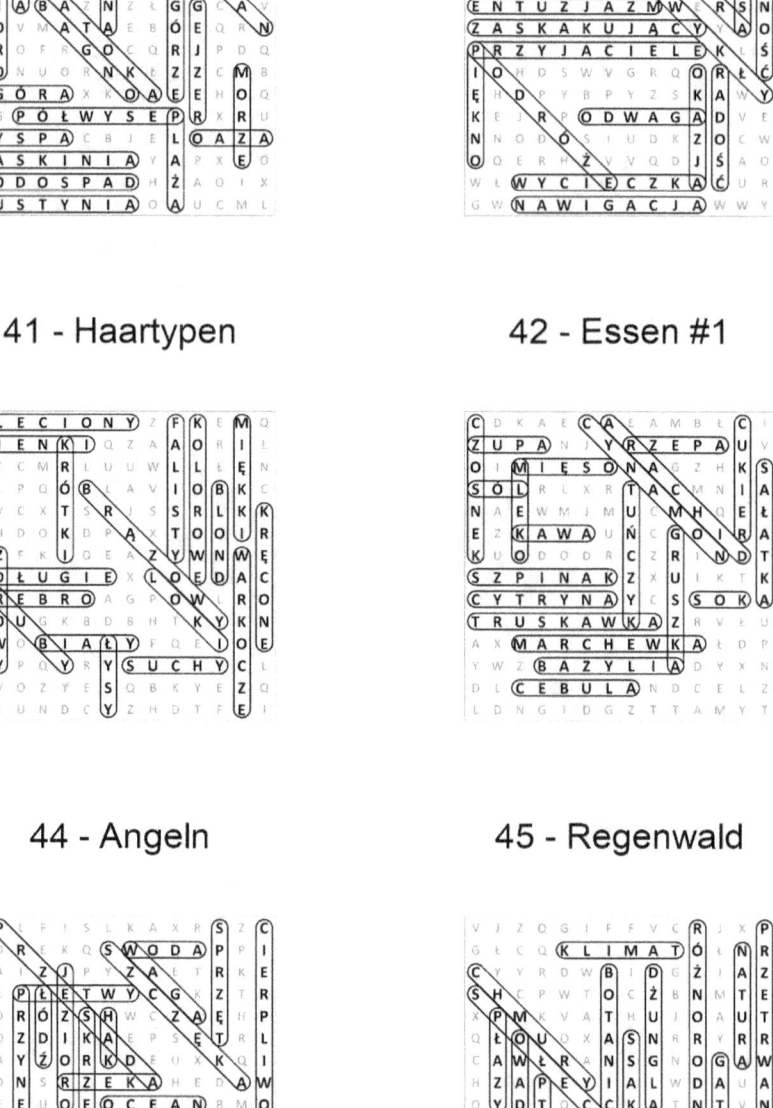

40 - Flugzeuge

41 - Haartypen

42 - Essen #1

43 - Gebäude

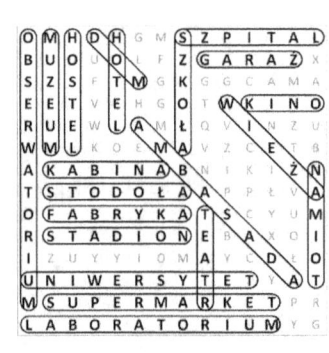

44 - Angeln

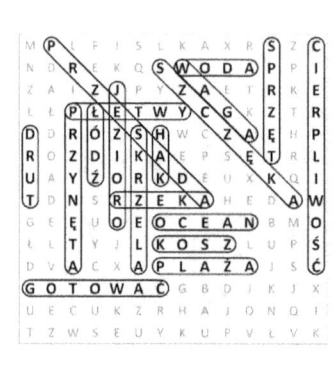

45 - Regenwald

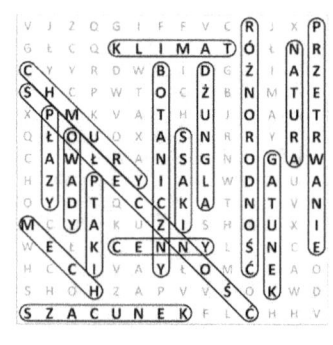

46 - Essen #2

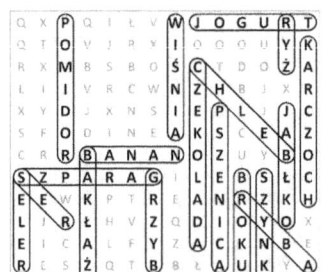

47 - Familie

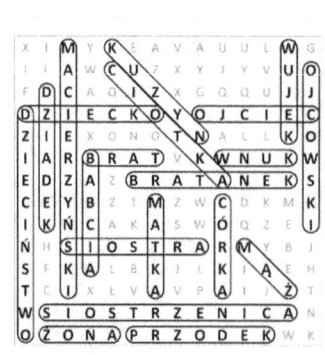

48 - Pflanzen

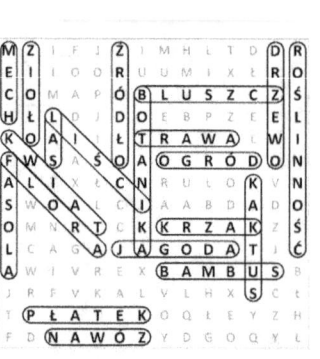

49 - Kunst

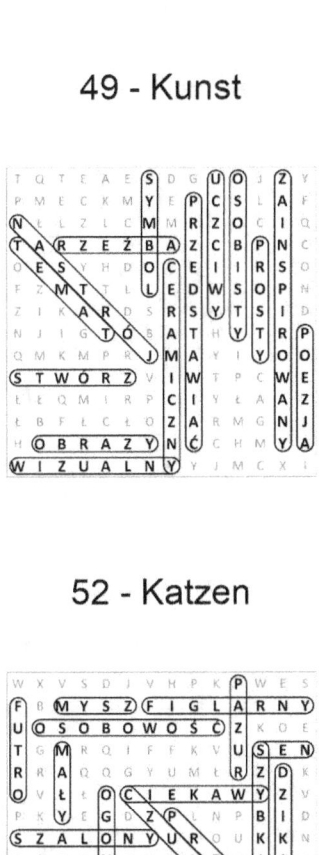

50 - Gewürze

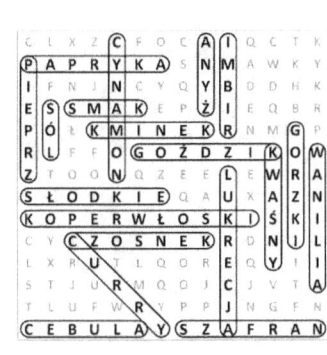

51 - Gemüse

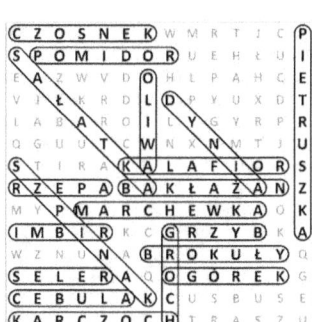

52 - Katzen

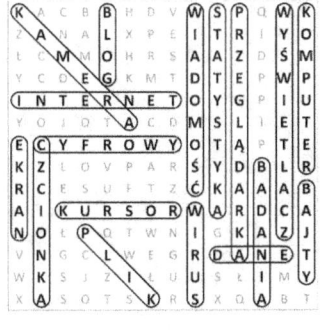

53 - Tanzen

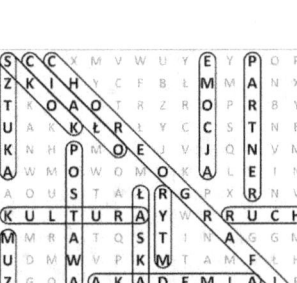

54 - Ernährung

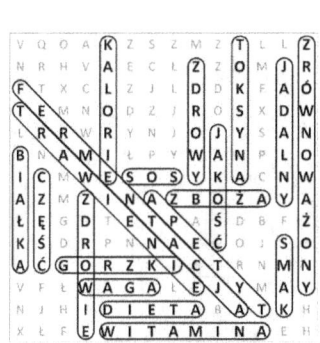

55 - Technologie

56 - Wasser

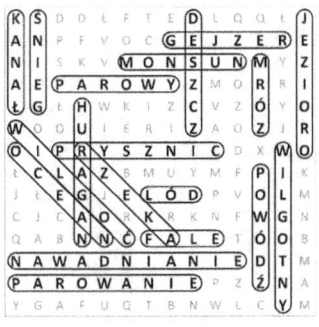

57 - Science Fiction

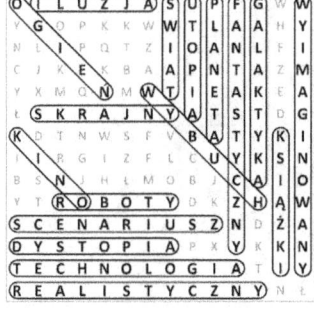

58 - Haustiere

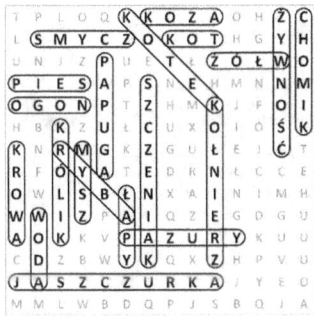

59 - Geburtstag

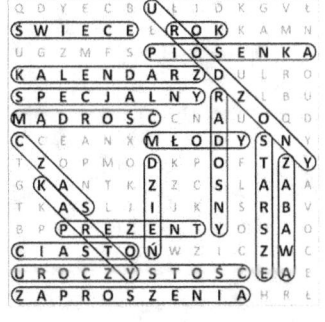

60 - Literatur

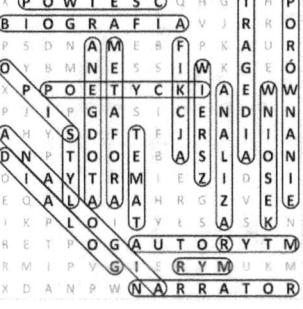

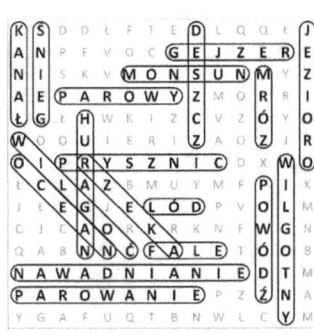

61 - Wandern

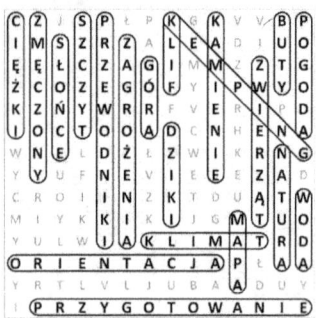

62 - Länder #2

63 - Fahrzeuge

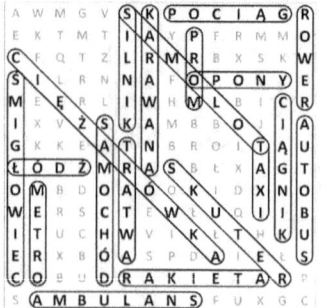

64 - Musikinstrumente

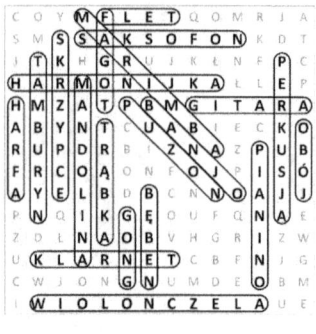

65 - Blumen

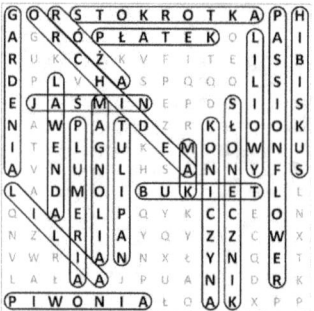

66 - Natur

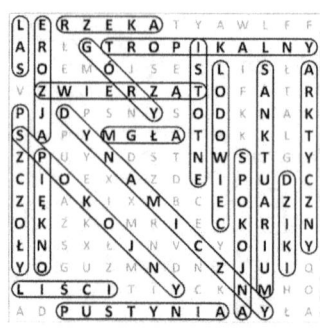

67 - Urlaub #2

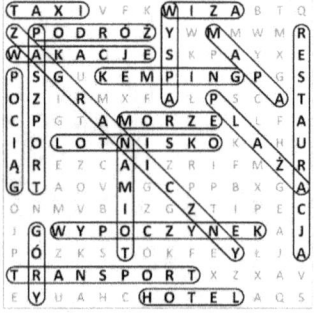

68 - Zirkus

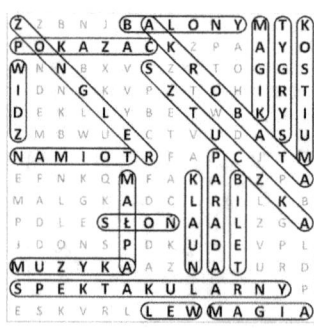

69 - Barbecues

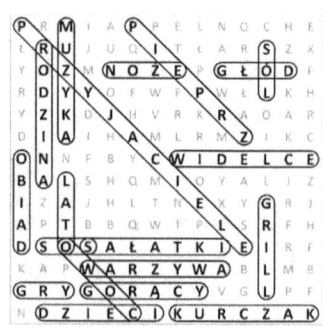

70 - Küche

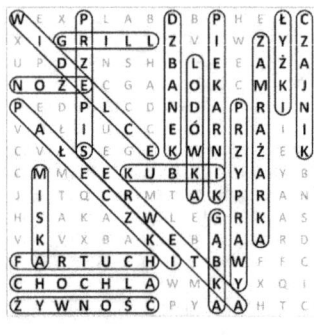

71 - Schach

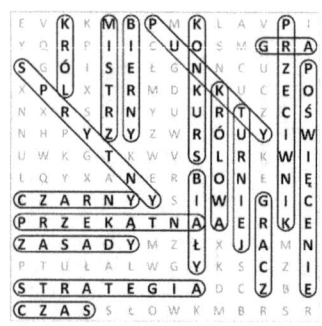

72 - Erhaltung

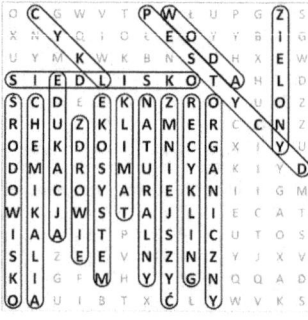

73 - Geographie

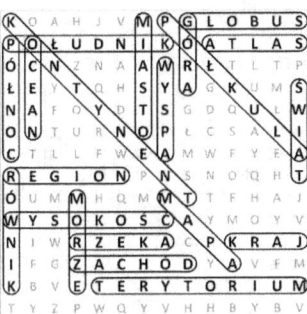

74 - Zahlen

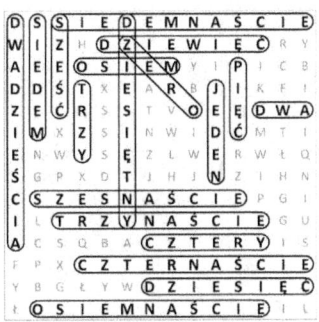

75 - Kunst Liefert

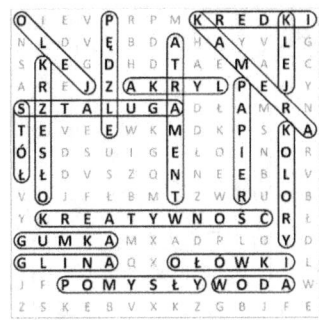

76 - Tage und Monate

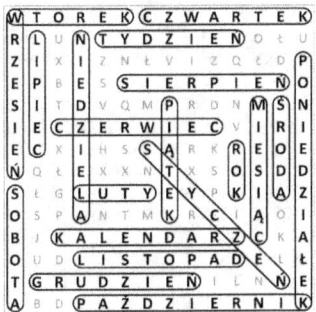

77 - Piraten

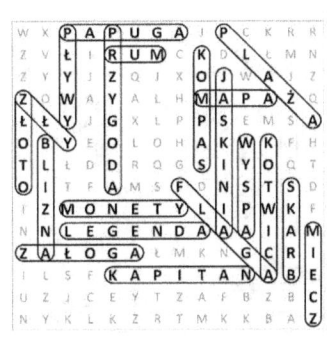

78 - Emotionen

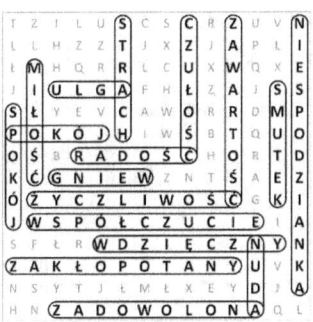

79 - Zu Füllen

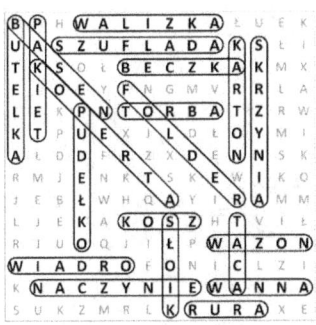

80 - Surfen

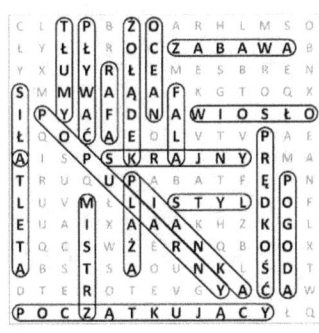

81 - Möbel

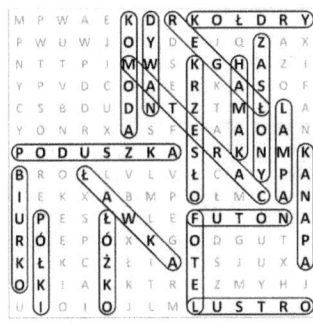

82 - Kräuterkunde

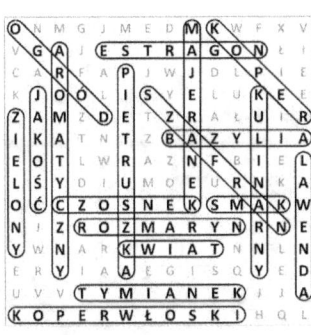

83 - Tugenden #1

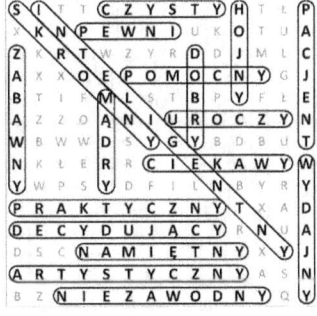

84 - Aktivitäten und Freizeit

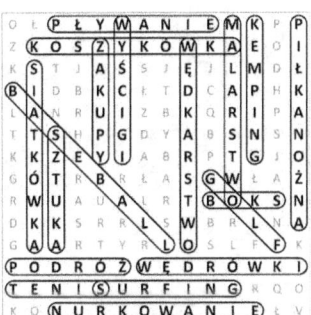

85 - Formen

86 - Adjektive #2

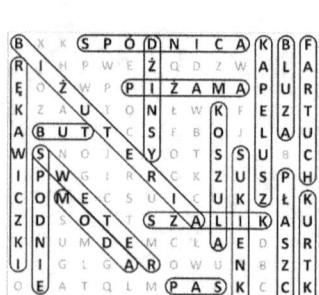

87 - Kleidung

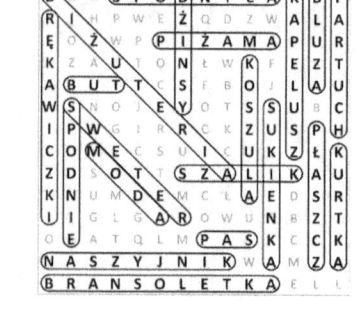

88 - Sommer

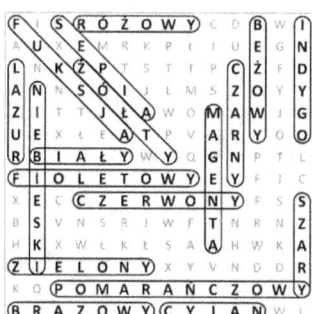

89 - Farben

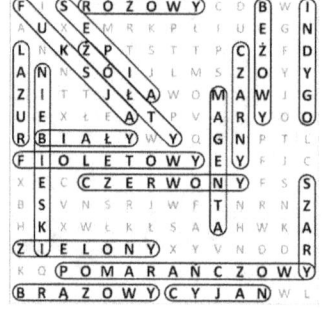
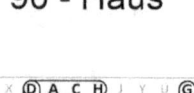

90 - Haus

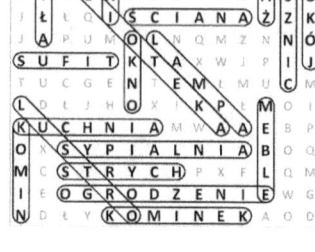

91 - Bauernhof #1

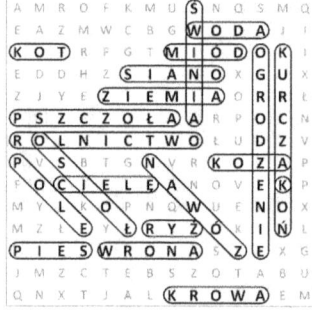

92 - Berufe #1

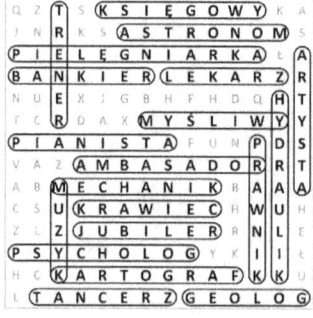

93 - Adjektive #1

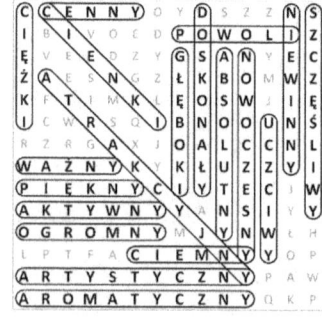

94 - Mathematik

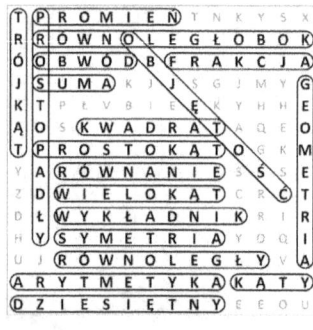

95 - Messungen

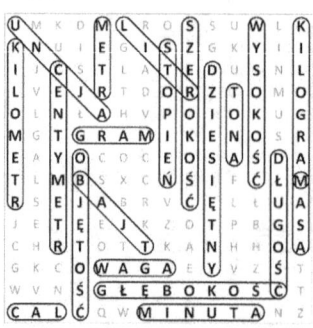

96 - Schlösser

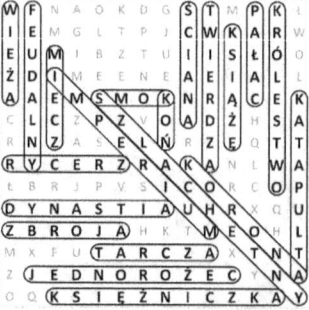

97 - Bauernhof #2

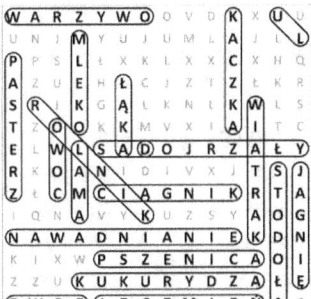

98 - Berufe #2

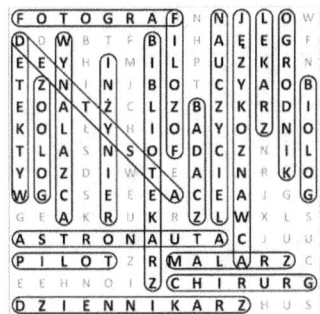

99 - Erforschung

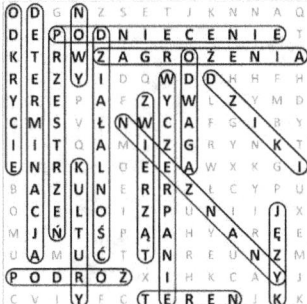

100 - Wetter

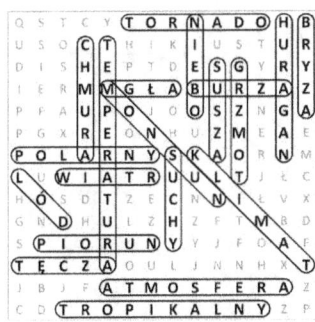

Wörterbuch

Abenteuer
Przygoda

Aktivität	Działalność
Ausflug	Wycieczka
Begeisterung	Entuzjazm
Chance	Szansa
Freude	Radość
Freunde	Przyjaciele
Gefährlich	Niebezpieczny
Gelegenheit	Okazja
Natur	Natura
Navigation	Nawigacja
Neu	Nowy
Reisen	Podróże
Schönheit	Piękno
Schwierigkeit	Trudność
Tapferkeit	Odwaga
Ungewöhnlich	Niezwykły
Überraschend	Zaskakujący
Vorbereitung	Przygotowanie

Adjektive #1
Przymiotniki # 1

Absolut	Absolutny
Aktiv	Aktywny
Aromatisch	Aromatyczny
Attraktiv	Atrakcyjny
Dunkel	Ciemny
Dünn	Cienki
Ehrlich	Uczciwy
Glücklich	Szczęśliwy
Identisch	Identyczny
Künstlerisch	Artystyczny
Langsam	Powoli
Modern	Nowoczesny
Perfekt	Doskonały
Riesig	Ogromny
Schön	Piękny
Schwer	Ciężki
Tief	Głęboki
Unschuldig	Niewinny
Wertvoll	Cenny
Wichtig	Ważny

Adjektive #2
Przymiotniki # 2

Authentisch	Autentyczny
Berühmt	Sławny
Beschreibend	Opisowy
Dramatisch	Dramatyczny
Elegant	Elegancki
Essbar	Jadalny
Frisch	Świeży
Gesund	Zdrowy
Hungrig	Głodny
Interessant	Interesujący
Kreativ	Twórczy
Natürlich	Naturalny
Neu	Nowy
Normal	Normalna
Produktiv	Produktywny
Salzig	Słony
Stark	Silny
Stolz	Dumny
Wild	Dziki
Würzig	Pikantny

Aktivitäten
Działalność

Aktivität	Działalność
Angeln	Wędkarstwo
Camping	Kemping
Entspannung	Relaks
Fähigkeit	Umiejętność
Fotografie	Fotografia
Freizeit	Wypoczynek
Gartenarbeit	Ogrodnictwo
Jagd	Polowanie
Keramik	Ceramika
Kunst	Sztuka
Kunsthandwerk	Rzemiosła
Lesen	Czytanie
Magie	Magia
Nähen	Szycie
Spiele	Gry
Tanzen	Taniec
Vergnügen	Przyjemność
Wandern	Wędrówki

Aktivitäten und Freizeit
Aktywność i Wypoczynek

Angeln	Wędkarstwo
Baseball	Baseball
Basketball	Koszykówka
Boxen	Boks
Camping	Kemping
Einkaufen	Zakupy
Entspannend	Odprężający
Fussball	Piłka Nożna
Gartenarbeit	Ogrodnictwo
Gemälde	Malarstwo
Golf	Golf
Kunst	Sztuka
Reise	Podróż
Rennen	Wyścigi
Schwimmen	Pływanie
Surfen	Surfing
Tauchen	Nurkowanie
Tennis	Tenis
Volleyball	Siatkówka
Wandern	Wędrówki

Angeln
Wędkarstwo

Ausrüstung	Sprzęt
Boot	Łódź
Draht	Drut
Flossen	Płetwy
Fluss	Rzeka
Geduld	Cierpliwość
Gewicht	Waga
Haken	Hak
Kiefer	Szczęka
Kiemen	Skrzela
Kochen	Gotować
Korb	Kosz
Köder	Przynęta
Ozean	Ocean
See	Jezioro
Strand	Plaża
Übertreibung	Przesada
Wasser	Woda

Antarktis
Antarktyda

Bucht	Zatoka
Eis	Lód
Erhaltung	Ochrona
Expedition	Wyprawa
Felsig	Skalisty
Forscher	Badacz
Geographie	Geografia
Gletscher	Lodowce
Halbinsel	Półwysep
Kontinent	Kontynent
Migration	Migracja
Mineralien	Minerały
Temperatur	Temperatura
Topographie	Topografia
Umwelt	Środowisko
Vögel	Ptaki
Wasser	Woda
Wetter	Pogoda
Wind	Wiatry
Wissenschaftlich	Naukowy

Astronomie
Astronomia

Asteroid	Asteroida
Astronaut	Astronauta
Astronom	Astronom
Erde	Ziemia
Himmel	Niebo
Komet	Kometa
Konstellation	Konstelacja
Kosmos	Kosmos
Meteor	Meteor
Mond	Księżyc
Nebel	Mgławica
Observatorium	Obserwatorium
Planet	Planeta
Rakete	Rakieta
Satellit	Satelita
Stern	Gwiazda
Supernova	Supernowa
Teleskop	Teleskop
Tierkreis	Zodiak
Universum	Wszechświat

Ballett
Balet

Anmutig	Wdzięczny
Applaus	Oklaski
Ausdrucksvoll	Wyrazisty
Ballerina	Balerina
Choreographie	Choreografia
Fähigkeit	Umiejętność
Geste	Gest
Intensität	Intensywność
Komponist	Kompozytor
Künstlerisch	Artystyczny
Musik	Muzyka
Muskel	Mięśnie
Orchester	Orkiestra
Probe	Próba
Publikum	Publiczność
Rhythmus	Rytm
Solo	Solo
Stil	Styl
Tänzer	Tancerze
Technik	Technika

Barbecues
Grillowanie

Abendessen	Obiad
Familie	Rodzina
Freunde	Przyjaciele
Frucht	Owoc
Gabeln	Widelce
Gemüse	Warzywa
Grill	Grill
Heiss	Gorący
Huhn	Kurczak
Hunger	Głód
Kinder	Dzieci
Kochen	Gotowanie
Messer	Noże
Musik	Muzyka
Pfeffer	Pieprz
Salate	Sałatki
Salz	Sól
Sommer	Lato
Sosse	Sos
Spiele	Gry

Bauernhof #1
Gospodarstwo #1

Biene	Pszczoła
Dünger	Nawóz
Esel	Osioł
Feld	Pole
Heu	Siano
Honig	Miód
Huhn	Kurczak
Hund	Pies
Kalb	Cielę
Katze	Kot
Krähe	Wrona
Kuh	Krowa
Land	Ziemia
Landwirtschaft	Rolnictwo
Pferd	Koń
Reis	Ryż
Schwein	Świnia
Wasser	Woda
Zaun	Ogrodzenie
Ziege	Koza

Bauernhof #2
Gospodarstwo #2

Bauer	Rolnik
Bewässerung	Nawadnianie
Bienenstock	Ul
Ente	Kaczka
Frucht	Owoc
Gemüse	Warzywo
Gerste	Jęczmień
Lama	Lama
Lamm	Jagnię
Mais	Kukurydza
Milch	Mleko
Obstgarten	Sad
Reif	Dojrzały
Schaf	Owce
Schäfer	Pasterz
Scheune	Stodoła
Traktor	Ciągnik
Weizen	Pszenica
Wiese	Łąka
Windmühle	Wiatrak

Berufe #1
Zawody # 1

Arzt	Lekarz
Astronom	Astronom
Bankier	Bankier
Botschafter	Ambasador
Buchhalter	Księgowy
Geologe	Geolog
Jäger	Myśliwy
Juwelier	Jubiler
Kartograph	Kartograf
Klempner	Hydraulik
Krankenschwester	Pielęgniarka
Künstler	Artysta
Mechaniker	Mechanik
Musiker	Muzyk
Pianist	Pianista
Psychologe	Psycholog
Rechtsanwalt	Prawnik
Schneider	Krawiec
Tänzer	Tancerz
Trainer	Trener

Berufe #2
Zawody # 2

Arzt	Lekarz
Astronaut	Astronauta
Bibliothekar	Bibliotekarz
Biologe	Biolog
Chirurg	Chirurg
Detektiv	Detektyw
Erfinder	Wynalazca
Forscher	Badacz
Fotograf	Fotograf
Gärtner	Ogrodnik
Illustrator	Ilustrator
Ingenieur	Inżynier
Journalist	Dziennikarz
Lehrer	Nauczyciel
Linguist	Językoznawca
Maler	Malarz
Philosoph	Filozof
Pilot	Pilot
Zahnarzt	Dentysta
Zoologe	Zoolog

Bienen
Pszczoły

Bestäuber	Zapylacz
Bienenkorb	Ul
Blumen	Kwiaty
Blüte	Kwitnąć
Flügel	Skrzydła
Frucht	Owoc
Garten	Ogród
Honig	Miód
Insekt	Owad
Königin	Królowa
Lebensraum	Siedlisko
Ökosystem	Ekosystem
Pflanzen	Rośliny
Pollen	Pyłek
Rauch	Dym
Schwarm	Rój
Sonne	Słońce
Vielfalt	Różnorodność
Vorteilhaft	Korzystny
Wachs	Wosk

Bildende Kunst
Sztuki Wizualne

Architektur	Architektura
Bleistift	Ołówek
Film	Film
Foto	Fotografia
Gemälde	Malarstwo
Keramik	Ceramika
Kreativität	Kreatywność
Kreide	Kreda
Künstler	Artysta
Lack	Lakier
Meisterwerk	Arcydzieło
Perspektive	Perspektywa
Porträt	Portret
Skulptur	Rzeźba
Staffelei	Sztaluga
Stift	Długopis
Ton	Glina
Wachs	Wosk
Zusammensetzung	Kompozycja

Blumen
Kwiaty

Blütenblatt	Płatek
Gardenie	Gardenia
Gänseblümchen	Stokrotka
Hibiskus	Hibiskus
Jasmin	Jaśmin
Klee	Koniczyna
Lavendel	Lawenda
Lila	Liliowy
Lilie	Lilia
Magnolie	Magnolia
Mohn	Mak
Orchidee	Orchidea
Passionsblume	Passionflower
Pfingstrose	Piwonia
Plumeria	Plumeria
Rose	Róża
Sonnenblume	Słonecznik
Strauss	Bukiet
Tulpe	Tulipan

Boote
Łodzie

Anker	Kotwica
Boje	Boja
Crew	Załoga
Dock	Dok
Fähre	Prom
Floss	Tratwa
Fluss	Rzeka
Kanu	Kajak
Maritim	Morski
Mast	Maszt
Meer	Morze
Motor	Silnik
Nautisch	Nautyczny
Ozean	Ocean
See	Jezioro
Seemann	Marynarz
Segelboot	Żaglówka
Seil	Lina
Wellen	Fale
Yacht	Jacht

Bücher
Książki

Abenteuer	Przygoda
Autor	Autor
Dualität	Dualizm
Episch	Epicki
Erfinderisch	Wynalazczy
Erzähler	Narrator
Gedicht	Wiersz
Geschichte	Historia
Geschrieben	Pisemny
Historisch	Historyczny
Humorvoll	Humorystyczny
Kollektion	Kolekcja
Kontext	Kontekst
Leser	Czytelnik
Literarisch	Literacki
Poesie	Poezja
Roman	Powieść
Seite	Strona
Serie	Seria
Tragisch	Tragiczny

Camping
Kemping

Abenteuer	Przygoda
Berg	Góra
Feuer	Ogień
Hängematte	Hamak
Hut	Kapelusz
Insekt	Owad
Jagd	Polowanie
Kabine	Kabina
Kanu	Kajak
Karte	Mapa
Kompass	Kompas
Laterne	Latarnia
Mond	Księżyc
Natur	Natura
See	Jezioro
Seil	Lina
Spass	Zabawa
Tiere	Zwierząt
Wald	Las
Zelt	Namiot

Dinosaurier
Dinozaury

Allesfresser	Wszystkożerny
Art	Gatunek
Bösartig	Złośliwy
Enorm	Ogromny
Erde	Ziemia
Evolution	Ewolucja
Fleischfresser	Mięsożerca
Flügel	Skrzydła
Gross	Duży
Grösse	Rozmiar
Leistungsstark	Potężny
Mammut	Mamut
Pflanzenfresser	Roślinożerne
Raubvogel	Raptor
Reptil	Gad
Schwanz	Ogon
Verschwinden	Zanik

Emotionen
Emocji

Angst	Strach
Beschämt	Zakłopotany
Dankbar	Wdzięczny
Freude	Radość
Freundlichkeit	Życzliwość
Frieden	Pokój
Inhalt	Zawartość
Langeweile	Nuda
Liebe	Miłość
Relief	Ulga
Ruhe	Spokój
Sympathie	Współczucie
Traurigkeit	Smutek
Überraschen	Niespodzianka
Wut	Gniew
Zärtlichkeit	Czułość
Zufrieden	Zadowolona

Erforschung
Poszukiwania

Aktivität	Działalność
Aufregung	Podniecenie
Entdeckung	Odkrycie
Entschlossenheit	Determinacja
Erschöpfung	Wyczerpanie
Gefahren	Zagrożenia
Gefährlich	Niebezpieczny
Gelände	Teren
Kulturen	Kultury
Mut	Odwaga
Neu	Nowy
Raum	Przestrzeń
Reise	Podróż
Sprache	Język
Tiere	Zwierząt
Unbekannt	Nieznany
Wild	Dziki

Erhaltung
Ochrona Przyrody

Bildung	Edukacja
Chemikalien	Chemikalia
Freiwillige	Wolontariusz
Gesundheit	Zdrowie
Grün	Zielony
Klima	Klimat
Lebensraum	Siedlisko
Nachhaltig	Zrównoważony
Natürlich	Naturalny
Organisch	Organiczny
Ökosystem	Ekosystem
Pestizid	Pestycyd
Recyceln	Recykling
Reduzieren	Zmniejszyć
Umwelt	Środowisko
Wasser	Woda
Zyklus	Cykl

Ernährung
Odżywianie

Appetit	Apetyt
Ausgewogen	Zrównoważony
Bitter	Gorzki
Diät	Dieta
Essbar	Jadalny
Fermentation	Fermentacja
Geschmack	Smak
Gesund	Zdrowy
Gesundheit	Zdrowie
Getreide	Zboża
Gewicht	Waga
Kalorien	Kalorie
Kohlenhydrate	Węglowodany
Portion	Część
Proteine	Białka
Qualität	Jakość
Sosse	Sos
Toxin	Toksyna
Verdauung	Trawienie
Vitamin	Witamina

Essen #1
Jedzenie # 1

Basilikum	Bazylia
Birne	Gruszka
Erdbeere	Truskawka
Erdnuss	Arachid
Fleisch	Mięso
Kaffee	Kawa
Karotte	Marchewka
Knoblauch	Czosnek
Milch	Mleko
Rübe	Rzepa
Saft	Sok
Salat	Sałatka
Salz	Sól
Spinat	Szpinak
Suppe	Zupa
Thunfisch	Tuńczyk
Zimt	Cynamon
Zitrone	Cytryna
Zucker	Cukier
Zwiebel	Cebula

Essen #2
Jedzenie # 2

Apfel	Jabłko
Artischocke	Karczoch
Aubergine	Bakłażan
Banane	Banan
Brokkoli	Brokuły
Brot	Chleb
Ei	Jajko
Fisch	Ryba
Joghurt	Jogurt
Käse	Ser
Kirsche	Wiśnia
Mandel	Migdał
Pilz	Grzyb
Reis	Ryż
Schinken	Szynka
Schokolade	Czekolada
Sellerie	Seler
Spargel	Szparag
Tomate	Pomidor
Weizen	Pszenica

Fahren
Prowadzenie Pojazdów

Auto	Samochód
Bremsen	Hamulce
Brennstoff	Paliwo
Bus	Autobus
Fussgänger	Pieszy
Garage	Garaż
Gas	Gaz
Geschwindigkeit	Prędkość
Karte	Mapa
Lizenz	Licencja
Lkw	Ciężarówka
Motor	Silnik
Motorrad	Motocykl
Polizei	Policja
Strasse	Ulica
Transport	Transport
Tunnel	Tunel
Unfall	Wypadek
Verkehr	Ruch Drogowy
Vorsicht	Ostrożność

Fahrzeuge
Pojazdy

Auto	Samochód
Boot	Łódź
Bus	Autobus
Fahrrad	Rower
Fähre	Prom
Floss	Tratwa
Flugzeug	Samolot
Hubschrauber	Śmigłowiec
Krankenwagen	Ambulans
Lkw	Ciężarówka
Motor	Silnik
Rakete	Rakieta
Reifen	Opony
Roller	Skuter
Taxi	Taxi
Traktor	Ciągnik
U-Bahn	Metro
U-Boot	Łódź Podwodna
Wohnwagen	Karawana
Zug	Pociąg

Familie
Rodzina

Bruder	Brat
Ehefrau	Żona
Ehemann	Mąż
Enkel	Wnuk
Grossmutter	Babcia
Grossvater	Dziadek
Kind	Dziecko
Kindheit	Dzieciństwo
Mutter	Matka
Mütterlich	Macierzyński
Neffe	Bratanek
Nichte	Siostrzenica
Onkel	Wujek
Schwester	Siostra
Tante	Ciotka
Tochter	Córka
Vater	Ojciec
Väterlich	Ojcowski
Vetter	Kuzyn
Vorfahr	Przodek

Farben
Zabarwienie

Azurblau	Lazur
Beige	Beżowy
Blau	Niebieski
Braun	Brązowy
Fuchsie	Fuksja
Gelb	Żółty
Grau	Szary
Grün	Zielony
Indigo	Indygo
Lila	Fioletowy
Magenta	Magenta
Orange	Pomarańczowy
Rosa	Różowy
Rot	Czerwony
Schwarz	Czarny
Sepia	Sepia
Weiss	Biały
Zyan	Cyjan

Flugzeuge
Samoloty

Abenteuer	Przygoda
Abstieg	Zejście
Atmosphäre	Atmosfera
Ballon	Balon
Brennstoff	Paliwo
Crew	Załoga
Design	Projekt
Geschichte	Historia
Himmel	Niebo
Höhe	Wysokość
Konstruktion	Budowa
Luft	Powietrze
Motor	Silnik
Navigieren	Nawigować
Passagier	Pasażer
Pilot	Pilot
Propeller	Śmigła
Turbulenz	Turbulencja
Wasserstoff	Wodór
Wetter	Pogoda

Formen
Kształty

Bogen	Łuk
Dreieck	Trójkąt
Ecke	Narożnik
Ellipse	Elipsa
Hyperbel	Hiperbola
Kanten	Krawędzie
Kegel	Stożek
Kreis	Koło
Kurve	Krzywa
Linie	Linia
Oval	Owal
Polygon	Wielokąt
Prisma	Pryzmat
Pyramide	Piramida
Quadrat	Kwadrat
Rechteck	Prostokąt
Rund	Okrągły
Seite	Bok
Würfel	Sześcian
Zylinder	Cylinder

Garten
Ogród

Bank	Ławka
Baum	Drzewo
Blume	Kwiat
Boden	Gleba
Busch	Krzak
Garage	Garaż
Garten	Ogród
Gras	Trawa
Hängematte	Hamak
Obstgarten	Sad
Rasen	Trawnik
Rechen	Grabie
Schaufel	Łopata
Schlauch	Wąż
Teich	Staw
Terrasse	Taras
Trampolin	Trampolina
Unkraut	Chwasty
Veranda	Ganek
Zaun	Ogrodzenie

Gebäude
Budynek

Botschaft	Ambasada
Fabrik	Fabryka
Garage	Garaż
Haus	Dom
Herberge	Hostel
Hotel	Hotel
Kabine	Kabina
Kino	Kino
Krankenhaus	Szpital
Labor	Laboratorium
Museum	Muzeum
Observatorium	Obserwatorium
Scheune	Stodoła
Schule	Szkoła
Stadion	Stadion
Supermarkt	Supermarket
Theater	Teatr
Turm	Wieża
Universität	Uniwersytet
Zelt	Namiot

Geburtstag
Urodziny

Älter	Starsze
Einladungen	Zaproszenia
Feier	Uroczystość
Freudig	Radosny
Freunde	Przyjaciele
Geboren	Urodzony
Geschenk	Prezent
Glücklich	Szczęśliwy
Jahr	Rok
Jung	Młody
Kalender	Kalendarz
Karten	Karty
Kerzen	Świece
Kuchen	Ciasto
Lied	Piosenka
Spass	Zabawa
Spezial	Specjalny
Tag	Dzień
Weisheit	Mądrość
Zeit	Czas

Gemüse
Warzywa

Artischocke	Karczoch
Aubergine	Bakłażan
Blumenkohl	Kalafior
Brokkoli	Brokuły
Erbse	Groch
Gurke	Ogórek
Ingwer	Imbir
Karotte	Marchewka
Kartoffel	Ziemniak
Knoblauch	Czosnek
Kürbis	Dynia
Olive	Oliwa
Petersilie	Pietruszka
Pilz	Grzyb
Rübe	Rzepa
Salat	Sałatka
Sellerie	Seler
Spinat	Szpinak
Tomate	Pomidor
Zwiebel	Cebula

Geographie
Geografia

Atlas	Atlas
Äquator	Równik
Berg	Góra
Fluss	Rzeka
Gebiet	Terytorium
Globus	Globus
Hemisphäre	Półkula
Höhe	Wysokość
Insel	Wyspa
Karte	Mapa
Kontinent	Kontynent
Land	Kraj
Meer	Morze
Meridian	Południk
Norden	Północ
Ozean	Ocean
Region	Region
Stadt	Miasto
Welt	Świat
West	Zachód

Geologie
Geologia

Erosion	Erozja
Fossil	Skamieniałość
Geschmolzen	Ciekły
Geysir	Gejzer
Höhle	Grota
Kalzium	Wapń
Kontinent	Kontynent
Koralle	Koral
Lava	Lawa
Mineralien	Minerały
Plateau	Płaskowyż
Quarz	Kwarc
Salz	Sól
Säure	Kwas
Stalagmiten	Stalagmity
Stalaktit	Stalaktyt
Stein	Kamień
Vulkan	Wulkan
Zone	Strefa
Zyklen	Cykle

Gewürze
Przyprawy

Anis	Anyż
Bitter	Gorzki
Curry	Curry
Fenchel	Koper Włoski
Geschmack	Smak
Ingwer	Imbir
Kardamom	Kardamon
Knoblauch	Czosnek
Kreuzkümmel	Kminek
Lakritze	Lukrecja
Nelke	Goździk
Paprika	Papryka
Pfeffer	Pieprz
Safran	Szafran
Salz	Sól
Sauer	Kwaśny
Süss	Słodkie
Vanille	Wanilia
Zimt	Cynamon
Zwiebel	Cebula

Haartypen
Rodzaje Włosów

Blond	Blond
Braun	Brązowy
Dick	Gruby
Dünn	Cienki
Farbig	Kolorowe
Geflochten	Pleciony
Gesund	Zdrowy
Grau	Szary
Kahl	Łysy
Kurz	Krótki
Lang	Długie
Locken	Loki
Lockig	Kręcone
Schwarz	Czarny
Silber	Srebro
Trocken	Suchy
Weich	Miękki
Weiss	Biały
Wellig	Falisty
Zöpfe	Warkocze

Haus
Dom

Besen	Miotła
Bibliothek	Biblioteka
Dach	Dach
Dachboden	Strych
Decke	Sufit
Dusche	Prysznic
Fenster	Okno
Garage	Garaż
Garten	Ogród
Kamin	Kominek
Küche	Kuchnia
Lampe	Lampa
Möbel	Meble
Schlafzimmer	Sypialnia
Schornstein	Komin
Spiegel	Lustro
Tür	Drzwi
Wand	Ściana
Zaun	Ogrodzenie
Zimmer	Pokój

Haustiere
Zwierzęta Domowe

Eidechse	Jaszczurka
Essen	Żywność
Fisch	Ryba
Hamster	Chomik
Hase	Królik
Hund	Pies
Katze	Kot
Kätzchen	Kotek
Kragen	Kołnierz
Krallen	Pazury
Kuh	Krowa
Leine	Smycz
Maus	Mysz
Papagei	Papuga
Pfoten	Łapy
Schildkröte	Żółw
Schwanz	Ogon
Wasser	Woda
Welpe	Szczeniak
Ziege	Koza

Insekten
Owady

Ameise	Mrówka
Biene	Pszczoła
Blattlaus	Mszyca
Floh	Pchła
Gottesanbeterin	Modliszka
Heuschrecke	Konik Polny
Hornisse	Szerszeń
Kakerlake	Karaluch
Käfer	Chrząszcz
Larve	Larwa
Libelle	Ważka
Marienkäfer	Biedronka
Motte	Ćma
Mücke	Komar
Schmetterling	Motyl
Termite	Termit
Wespe	Osa
Wurm	Robak
Zikade	Cykada

Katzen
Koty

Fell	Futro
Garn	Przędza
Jäger	Myśliwy
Komisch	Zabawny
Kralle	Pazur
Liebevoll	Czuły
Maus	Mysz
Neugierig	Ciekawy
Persönlichkeit	Osobowość
Pfote	Łapa
Schlafen	Sen
Schnell	Szybki
Schüchtern	Nieśmiały
Schwanz	Ogon
Unabhängig	Niezależny
Verrückt	Szalony
Verspielt	Figlarny
Wenig	Mały
Wild	Dziki

Kleidung
Ubrania

Armband	Bransoletka
Bluse	Bluza
Gürtel	Pas
Halskette	Naszyjnik
Handschuhe	Rękawiczki
Hemd	Koszula
Hose	Spodnie
Hut	Kapelusz
Jacke	Kurtka
Jeans	Dżinsy
Kleid	Sukienka
Mantel	Płaszcz
Mode	Moda
Pullover	Sweter
Rock	Spódnica
Schal	Szalik
Schlafanzug	Piżama
Schmuck	Biżuteria
Schuh	But
Schürze	Fartuch

Klettern
Wspinaczka

Atmosphäre	Atmosfera
Ausbildung	Szkolenie
Experte	Ekspert
Führer	Przewodniki
Gelände	Teren
Handschuhe	Rękawiczki
Helm	Kask
Höhe	Wysokość
Höhle	Jaskinia
Karte	Mapa
Neugier	Ciekawość
Physisch	Fizyczny
Schmal	Wąska
Stabilität	Stabilność
Stärke	Siła
Stiefel	Buty
Wandern	Wędrówki

Komödie
Komedia

Applaus	Oklaski
Ausdrucksvoll	Wyrazisty
Clowns	Klaunów
Fernsehen	Telewizja
Genre	Gatunek
Humor	Humor
Improvisation	Improwizacja
Klug	Sprytny
Komisch	Zabawny
Lachen	Śmiech
Parodie	Parodia
Publikum	Publiczność
Schauspieler	Aktor
Schauspielerin	Aktorka
Spass	Zabawa
Theater	Teatr
Witze	Dowcipy

Kräuterkunde
Zielarstwo

Aromatisch	Aromatyczny
Basilikum	Bazylia
Blume	Kwiat
Dill	Koper
Estragon	Estragon
Fenchel	Koper Włoski
Garten	Ogród
Geschmack	Smak
Grün	Zielony
Knoblauch	Czosnek
Kulinarisch	Kulinarny
Lavendel	Lawenda
Majoran	Majeranek
Petersilie	Pietruszka
Qualität	Jakość
Rosmarin	Rozmaryn
Safran	Szafran
Thymian	Tymianek
Vorteilhaft	Korzystny
Zutat	Składnik

Kunst
Sztuka

Ausdruck	Wyrażenie
Ehrlich	Uczciwy
Einfach	Prosty
Gegenstand	Temat
Gemälde	Obrazy
Inspiriert	Zainspirowany
Keramik	Ceramiczny
Komplex	Kompleks
Original	Oryginał
Persönlich	Osobisty
Poesie	Poezja
Porträtieren	Przedstawiać
Schaffen	Stwórz
Skulptur	Rzeźba
Stimmung	Nastrój
Surrealismus	Surrealizm
Symbol	Symbol
Visuell	Wizualny
Zusammensetzung	Kompozycja

Kunst Liefert
Materiały Artystyczne

Acryl	Akryl
Bleistifte	Ołówki
Buntstifte	Kredki
Bürsten	Pędzle
Farben	Kolory
Ideen	Pomysły
Kamera	Kamera
Kreativität	Kreatywność
Leim	Klej
Öl	Olej
Papier	Papier
Radiergummi	Gumka
Staffelei	Sztaluga
Stuhl	Krzesło
Tabelle	Stół
Tinte	Atrament
Ton	Glina
Wasser	Woda

Küche
Kuchnia

Essen	Żywność
Essstäbchen	Pałeczki
Gabeln	Widelce
Gefrierschrank	Zamrażarka
Gewürze	Przyprawy
Grill	Grill
Kelle	Chochla
Krug	Dzbanek
Kühlschrank	Lodówka
Löffel	Łyżki
Messer	Noże
Ofen	Piekarnik
Rezept	Przepis
Schürze	Fartuch
Schüssel	Miska
Schwamm	Gąbka
Serviette	Serwetka
Tassen	Kubki
Wasserkocher	Czajnik

Landschaften
Krajobrazy

Berg	Góra
Eisberg	Góra Lodowa
Fluss	Rzeka
Geysir	Gejzer
Gletscher	Lodowiec
Golf	Zatoka
Halbinsel	Półwysep
Höhle	Jaskinia
Hügel	Wzgórze
Insel	Wyspa
Meer	Morze
Oase	Oaza
See	Jezioro
Strand	Plaża
Sumpf	Bagno
Tal	Dolina
Tundra	Tundra
Vulkan	Wulkan
Wasserfall	Wodospad
Wüste	Pustynia

Länder #2
Kraje # 2

Albanien	Albania
Äthiopien	Etiopia
Frankreich	Francja
Griechenland	Grecja
Haiti	Haiti
Irland	Irlandia
Jamaika	Jamajka
Japan	Japonia
Kenia	Kenia
Laos	Laos
Liberia	Liberia
Mexiko	Meksyk
Nepal	Nepal
Nigeria	Nigeria
Pakistan	Pakistan
Russland	Rosja
Sudan	Sudan
Syrien	Syria
Uganda	Uganda
Ukraine	Ukraina

Literatur
Literatura

Analogie	Analogia
Analyse	Analiza
Anekdote	Anegdota
Autor	Autor
Beschreibung	Opis
Biographie	Biografia
Dialog	Dialog
Erzähler	Narrator
Fiktion	Fikcja
Gedicht	Wiersz
Metapher	Metafora
Poetisch	Poetycki
Reim	Rym
Rhythmus	Rytm
Roman	Powieść
Schlussfolgerung	Wniosek
Stil	Styl
Thema	Temat
Tragödie	Tragedia
Vergleich	Porównanie

Mathematik
Matematyka

Arithmetik	Arytmetyka
Bruchteil	Frakcja
Dezimal	Dziesiętny
Dreieck	Trójkąt
Durchmesser	Średnica
Exponent	Wykładnik
Geometrie	Geometria
Gleichung	Równanie
Parallel	Równoległy
Parallelogramm	Równoległobok
Polygon	Wielokąt
Quadrat	Kwadrat
Radius	Promień
Rechteck	Prostokąt
Senkrecht	Prostopadły
Summe	Suma
Symmetrie	Symetria
Umfang	Obwód
Volumen	Objętość
Winkel	Kąty

Meditation
Medytacja

Annahme	Przyjęcie
Atmung	Oddechowy
Aufmerksamkeit	Uwaga
Bewegung	Ruch
Dankbarkeit	Wdzięczność
Freundlichkeit	Życzliwość
Frieden	Pokój
Gedanken	Myśli
Geistig	Psychiczny
Glück	Szczęście
Klarheit	Przejrzystość
Lehre	Nauki
Mitgefühl	Współczucie
Musik	Muzyka
Natur	Natura
Perspektive	Perspektywa
Ruhig	Spokój
Stille	Cisza
Verstand	Umysł
Wach	Obudzić

Meisterschaft
Mistrzostwo

Atmen	Oddychać
Ausdauer	Wytrzymałość
Champion	Mistrz
Finalist	Finalista
Liga	Liga
Mannschaft	Zespół
Medaille	Medal
Meisterschaft	Mistrzostwo
Motivation	Motywacja
Performance	Wydajność
Richter	Sędzia
Schweiss	Pot
Sieg	Zwycięstwo
Spiele	Gry
Sport	Sporty
Strategie	Strategia
Trainer	Trener
Turnier	Turniej

Menschlicher Körper
Ciało Ludzkie

Bein	Noga
Blut	Krew
Ellbogen	Łokieć
Finger	Palec
Gehirn	Mózg
Gesicht	Twarz
Hals	Szyja
Hand	Ręka
Haut	Skóra
Herz	Serce
Kiefer	Szczęka
Kinn	Podbródek
Knie	Kolano
Knöchel	Kostka
Kopf	Głowa
Mund	Usta
Nase	Nos
Ohr	Ucho
Schulter	Ramię
Zunge	Język

Messungen
Pomiary

Breite	Szerokość
Byte	Bajt
Dezimal	Dziesiętny
Gewicht	Waga
Grad	Stopień
Gramm	Gram
Höhe	Wysokość
Kilogramm	Kilogram
Kilometer	Kilometr
Länge	Długość
Liter	Litr
Masse	Masa
Meter	Metr
Minute	Minuta
Tiefe	Głębokość
Tonne	Tona
Unze	Uncja
Volumen	Objętość
Zentimeter	Centymetr
Zoll	Cal

Möbel
Meble

Bank	Ławka
Bett	Łóżko
Bettdecke	Kołdry
Bücherregal	Regał
Couch	Kanapa
Futon	Futon
Hängematte	Hamak
Kissen	Poduszka
Kommode	Komoda
Lampe	Lampa
Matratze	Materac
Regal	Półki
Schreibtisch	Biurko
Sessel	Fotel
Spiegel	Lustro
Stuhl	Krzesło
Teppich	Dywan
Vorhang	Zasłony

Musikinstrumente
Instrumenty Muzyczne

Banjo	Banjo
Cello	Wiolonczela
Fagott	Fagot
Flöte	Flet
Geige	Skrzypce
Gitarre	Gitara
Gong	Gong
Harfe	Harfa
Klarinette	Klarnet
Klavier	Pianino
Mandoline	Mandolina
Marimba	Marimba
Mundharmonika	Harmonijka
Oboe	Obój
Posaune	Puzon
Saxophon	Saksofon
Schlagzeug	Perkusja
Tamburin	Tamburyn
Trommel	Bęben
Trompete	Trąbka

Mythologie
Mitologia

Archetyp	Archetyp
Blitz	Piorun
Donner	Grzmot
Eifersucht	Zazdrość
Held	Bohater
Heldin	Bohaterka
Himmel	Niebo
Katastrophe	Katastrofa
Kreation	Kreacja
Kreatur	Stworzenie
Krieger	Wojownik
Kultur	Kultura
Labyrinth	Labirynt
Legende	Legenda
Magisch	Magiczny
Monster	Potwór
Rache	Zemsta
Stärke	Siła
Sterblich	Śmiertelny
Verhalten	Zachowanie

Natur
Przyroda

Arktis	Arktyczny
Berge	Góry
Bienen	Pszczoły
Dynamisch	Dynamiczny
Erosion	Erozja
Fluss	Rzeka
Friedlich	Spokojna
Gletscher	Lodowiec
Heiligtum	Sanktuarium
Heiter	Spokojny
Laub	Liści
Lebenswichtig	Istotne
Nebel	Mgła
Schönheit	Piękno
Schutz	Schronienie
Tiere	Zwierząt
Tropisch	Tropikalny
Wald	Las
Wild	Dziki
Wüste	Pustynia

Obst
Owoce

Ananas	Ananas
Apfel	Jabłko
Aprikose	Morela
Avocado	Awokado
Banane	Banan
Beere	Jagoda
Birne	Gruszka
Brombeere	Jeżyna
Himbeere	Malina
Kirsche	Wiśnia
Kiwi	Kiwi
Kokosnuss	Kokos
Melone	Melon
Nektarine	Nektaryna
Orange	Pomarańczowy
Papaya	Papaja
Pfirsich	Brzoskwinia
Pflaume	Śliwka
Traube	Winogrono
Zitrone	Cytryna

Ozean
Ocean

Aal	Węgorz
Auster	Ostryga
Boot	Łódź
Delfin	Delfin
Fisch	Ryba
Garnele	Krewetka
Gezeiten	Pływy
Hai	Rekin
Koralle	Koral
Krabbe	Krab
Krake	Ośmiornica
Qualle	Meduza
Riff	Rafa
Salz	Sól
Schildkröte	Żółw
Schwamm	Gąbka
Sturm	Burza
Thunfisch	Tuńczyk
Wal	Wieloryb
Wellen	Fale

Ökologie
Ekologia

Art	Gatunek
Berge	Góry
Dürre	Susza
Fauna	Fauna
Flora	Flora
Freiwillige	Wolontariusze
Gemeinschaft	Społeczności
Global	Światowy
Klima	Klimat
Lebensraum	Siedlisko
Marine	Morski
Nachhaltig	Zrównoważony
Natur	Natura
Natürlich	Naturalny
Pflanzen	Rośliny
Ressourcen	Zasoby
Sumpf	Bagno
Überleben	Przetrwanie
Vegetation	Roślinność
Vielfalt	Różnorodność

Pflanzen
Rośliny

Bambus	Bambus
Baum	Drzewo
Beere	Jagoda
Blume	Kwiat
Blütenblatt	Płatek
Bohne	Fasola
Botanik	Botanika
Busch	Krzak
Dünger	Nawóz
Efeu	Bluszcz
Flora	Flora
Garten	Ogród
Gras	Trawa
Kaktus	Kaktus
Kraut	Zioło
Laub	Liści
Moos	Mech
Vegetation	Roślinność
Wald	Las
Wurzel	Źródło

Piraten
Piraci

Abenteuer	Przygoda
Anker	Kotwica
Crew	Załoga
Flagge	Flaga
Gezeiten	Pływy
Gold	Złoto
Höhle	Jaskinia
Insel	Wyspa
Kapitän	Kapitan
Karte	Mapa
Kompass	Kompas
Legende	Legenda
Münzen	Monety
Narbe	Blizna
Papagei	Papuga
Rum	Rum
Schatz	Skarb
Schlecht	Zły
Schwert	Miecz
Strand	Plaża

Regenwald
Las Deszczowy

Amphibien	Płazy
Art	Gatunek
Botanisch	Botaniczny
Dschungel	Dżungla
Gemeinschaft	Społeczność
Insekten	Owady
Klima	Klimat
Moos	Mech
Natur	Natura
Respekt	Szacunek
Säugetiere	Ssaki
Überleben	Przetrwanie
Vielfalt	Różnorodność
Vögel	Ptaki
Wertvoll	Cenny
Wolken	Chmury
Zuflucht	Schronienie

Restaurant #1
Restauracja # 1

Allergie	Alergia
Brot	Chleb
Dessert	Deser
Essen	Żywność
Fleisch	Mięso
Huhn	Kurczak
Kaffee	Kawa
Kassierer	Kasjer
Kellnerin	Kelnerka
Küche	Kuchnia
Menü	Menu
Messer	Nóż
Reservierung	Rezerwacja
Schüssel	Miska
Serviette	Serwetka
Sosse	Sos
Teller	Talerz
Würzig	Pikantny

Restaurant #2
Restauracja # 2

Abendessen	Obiad
Eier	Jaja
Eis	Lód
Fisch	Ryba
Frucht	Owoc
Gabel	Widelec
Gemüse	Warzywa
Getränk	Napój
Gewürze	Przyprawy
Kellner	Kelner
Köstlich	Pyszny
Kuchen	Ciasto
Löffel	Łyżka
Nudeln	Makaron
Salat	Sałatka
Salz	Sól
Stuhl	Krzesło
Suppe	Zupa
Vorspeise	Przystawka
Wasser	Woda

Säugetiere
Ssaki

Affe	Małpa
Bär	Niedźwiedź
Biber	Bóbr
Elefant	Słoń
Fuchs	Lis
Giraffe	Żyrafa
Gorilla	Goryl
Hund	Pies
Känguru	Kangur
Kojote	Kojot
Löwe	Lew
Panther	Pantera
Pferd	Koń
Ratte	Szczur
Schaf	Owce
Stier	Byk
Tiger	Tygrys
Wal	Wieloryb
Wolf	Wilk
Zebra	Zebra

Schach
Szachy

Champion	Mistrz
Diagonal	Przekątna
Gegner	Przeciwnik
Klug	Sprytny
König	Król
Königin	Królowa
Opfer	Poświęcenie
Passiv	Bierny
Punkte	Punkty
Regeln	Zasady
Schwarz	Czarny
Spiel	Gra
Spieler	Gracz
Strategie	Strategia
Turnier	Turniej
Weiss	Biały
Wettbewerb	Konkurs
Zeit	Czas

Schlösser
Zamki

Drache	Smok
Dynastie	Dynastia
Edel	Szlachetny
Einhorn	Jednorożec
Festung	Twierdza
Feudal	Feudalny
Katapult	Katapulta
Königreich	Królestwo
Krone	Korona
Palast	Pałac
Pferd	Koń
Prinz	Książę
Prinzessin	Księżniczka
Reich	Imperium
Ritter	Rycerz
Rüstung	Zbroja
Schild	Tarcza
Schwert	Miecz
Turm	Wieża
Wand	Ściana

Schokolade
Czekolada

Antioxidans	Antyoksydant
Aroma	Aromat
Bitter	Gorzki
Essen	Jeść
Exotisch	Egzotyczny
Favorit	Ulubiony
Geschmack	Smak
Kakao	Kakao
Kalorien	Kalorie
Karamell	Karmel
Kokosnuss	Kokos
Köstlich	Pyszny
Pulver	Proszek
Qualität	Jakość
Rezept	Przepis
Süss	Słodkie
Zucker	Cukier
Zutat	Składnik

Schule #1
Szkoła nr 1

Alphabet	Alfabet
Antworten	Odpowiedzi
Bibliothek	Biblioteka
Bleistift	Ołówek
Bücher	Książki
Freunde	Przyjaciele
Klassenzimmer	Klasa
Lehrer	Nauczyciel
Mathematik	Matematyka
Mittagessen	Obiad
Ordner	Foldery
Papier	Papier
Prüfungen	Egzaminy
Quiz	Quiz
Schreibtisch	Biurko
Spass	Zabawa
Stifte	Długopisy
Stuhl	Krzesło
Zahlen	Liczby

Schule #2
Szkoła nr 2

Bibliothek	Biblioteka
Bildung	Edukacja
Bleistift	Ołówek
Bus	Autobus
Bücher	Książki
Computer	Komputer
Grammatik	Gramatyka
Kalender	Kalendarz
Lehrer	Nauczyciel
Lernen	Uczenie Się
Lesen	Czytanie
Literatur	Literatura
Papier	Papier
Radiergummi	Gumka
Rucksack	Plecak
Schere	Nożyczki
Stifte	Długopisy
Wissenschaft	Nauka
Wochenende	Weekendy
Wörterbuch	Słownik

Science Fiction
Fantastyka Naukowa

Bücher	Książki
Dystopie	Dystopia
Explosion	Wybuch
Extrem	Skrajny
Fantastisch	Fantastyczny
Feuer	Ogień
Futuristisch	Futurystyczny
Galaxie	Galaktyka
Geheimnisvoll	Tajemniczy
Illusion	Iluzja
Imaginär	Wyimaginowany
Kino	Kino
Orakel	Wyrocznia
Planet	Planeta
Realistisch	Realistyczny
Roboter	Roboty
Szenario	Scenariusz
Technologie	Technologia
Utopie	Utopia
Welt	Świat

Sommer
Latem

Bücher	Książki
Camping	Kemping
Entspannung	Relaks
Erinnerungen	Wspomnienia
Essen	Żywność
Familie	Rodzina
Freizeit	Wypoczynek
Freude	Radość
Freunde	Przyjaciele
Garten	Ogród
Meer	Morze
Musik	Muzyka
Reise	Podróż
Sandalen	Sandały
Schwimmen	Pływać
Spiele	Gry
Sterne	Gwiazdy
Strand	Plaża
Tauchen	Nurkowanie
Urlaub	Wakacje

Spielzeuge
Zabawki

Auto	Samochód
Ball	Piłka
Boot	Łódź
Buntstifte	Kredki
Bücher	Książki
Drachen	Latawiec
Fahrrad	Rower
Favorit	Ulubiony
Flugzeug	Samolot
Kunsthandwerk	Rzemiosła
Lkw	Ciężarówka
Phantasie	Wyobraźnia
Puppe	Lalka
Puzzle	Puzzle
Roboter	Robot
Schach	Szachy
Schlagzeug	Bębny
Spiele	Gry
Ton	Glina
Zug	Pociąg

Sport
Sporty

Athlet	Atleta
Baseball	Baseball
Basketball	Koszykówka
Bewegung	Ruch
Eishockey	Hokej
Fahrrad	Rower
Gewinner	Zwycięzca
Golf	Golf
Gymnasium	Gimnazjum
Gymnastik	Gimnastyka
Mannschaft	Zespół
Meisterschaft	Mistrzostwo
Schiedsrichter	Sędzia
Schwimmen	Pływać
Spiel	Gra
Spieler	Gracz
Stadion	Stadion
Tennis	Tenis
Trainer	Trener

Stadt
Miasto

Apotheke	Apteka
Bank	Bank
Bäckerei	Piekarnia
Bibliothek	Biblioteka
Blumenhändler	Kwiaciarz
Buchhandlung	Księgarnia
Flughafen	Lotnisko
Galerie	Galeria
Hotel	Hotel
Kino	Kino
Klinik	Klinika
Markt	Rynek
Museum	Muzeum
Restaurant	Restauracja
Schule	Szkoła
Stadion	Stadion
Supermarkt	Supermarket
Theater	Teatr
Universität	Uniwersytet
Zoo	Zoo

Strand
Plaża

Blau	Niebieski
Boot	Łódź
Dock	Dok
Handtuch	Ręcznik
Insel	Wyspa
Krabbe	Krab
Küste	Wybrzeże
Lagune	Laguna
Meer	Morze
Ozean	Ocean
Regenschirm	Parasol
Riff	Rafa
Sand	Piasek
Sandalen	Sandały
Schwimmen	Pływać
Segelboot	Żaglówka
Sonne	Słońce
Urlaub	Wakacje

Surfen
Surfing

Anfänger	Początkujący
Athlet	Atleta
Beliebt	Popularny
Champion	Mistrz
Extrem	Skrajny
Geschwindigkeit	Prędkość
Magen	Żołądek
Mengen	Tłumy
Ozean	Ocean
Paddel	Wiosło
Riff	Rafa
Schaum	Pianka
Schwimmen	Pływać
Spass	Zabawa
Stärke	Siła
Stil	Styl
Strand	Plaża
Welle	Fala
Wetter	Pogoda

Tage und Monate
Dni i Miesiące

August	Sierpień
Dezember	Grudzień
Dienstag	Wtorek
Donnerstag	Czwartek
Februar	Luty
Freitag	Piątek
Jahr	Rok
Januar	Styczeń
Juli	Lipiec
Juni	Czerwiec
Kalender	Kalendarz
Mittwoch	Środa
Monat	Miesiąc
Montag	Poniedziałek
November	Listopad
Oktober	Październik
Samstag	Sobota
September	Wrzesień
Sonntag	Niedziela
Woche	Tydzień

Tanzen
Taniec

Akademie	Akademia
Anmut	Łaska
Ausdrucksvoll	Wyrazisty
Bewegung	Ruch
Choreographie	Choreografia
Emotion	Emocja
Freudig	Radosny
Haltung	Postawa
Klassisch	Klasyczny
Körper	Ciało
Kultur	Kultura
Kulturell	Kulturalny
Kunst	Sztuka
Musik	Muzyka
Partner	Partner
Probe	Próba
Rhythmus	Rytm
Springen	Skok
Traditionell	Tradycyjny
Visuell	Wizualny

Technologie
Technologia

Anzeige	Wyświetlacz
Bildschirm	Ekran
Blog	Blog
Browser	Przeglądarka
Bytes	Bajty
Computer	Komputer
Cursor	Kursor
Datei	Plik
Daten	Dane
Digital	Cyfrowy
Forschung	Badania
Internet	Internet
Kamera	Kamera
Nachricht	Wiadomość
Schriftart	Czcionka
Statistik	Statystyka
Virtuell	Wirtualny
Virus	Wirus

Tugenden #1
Cnoty # 1

Bescheiden	Skromny
Charmant	Uroczy
Effizient	Wydajny
Entscheidend	Decydujący
Geduldig	Pacjent
Grosszügig	Hojny
Gut	Dobry
Hilfreich	Pomocny
Intelligent	Inteligentny
Komisch	Zabawny
Künstlerisch	Artystyczny
Leidenschaftlich	Namiętny
Neugierig	Ciekawy
Praktisch	Praktyczny
Sauber	Czysty
Unabhängig	Niezależny
Weise	Mądry
Zuverlässig	Niezawodny
Zuversichtlich	Pewni

Urlaub #2
Wakacje # 2

Ausländer	Cudzoziemiec
Ausländisch	Zagraniczny
Berge	Góry
Camping	Kemping
Flughafen	Lotnisko
Freizeit	Wypoczynek
Hotel	Hotel
Insel	Wyspa
Karte	Mapa
Meer	Morze
Pass	Paszport
Reise	Podróż
Restaurant	Restauracja
Strand	Plaża
Taxi	Taxi
Transport	Transport
Urlaub	Wakacje
Visum	Wiza
Zelt	Namiot
Zug	Pociąg

Vögel
Ptaki

Adler	Orzeł
Ei	Jajko
Ente	Kaczka
Eule	Sowa
Flamingo	Flaming
Gans	Gęś
Huhn	Kurczak
Krähe	Wrona
Kuckuck	Kukułka
Möwe	Mewa
Papagei	Papuga
Pelikan	Pelikan
Pfau	Paw
Pinguin	Pingwin
Rabe	Kruk
Reiher	Czapla
Schwan	Łabędź
Spatz	Wróbel
Storch	Bocian
Taube	Gołąb

Wandern
Turystyka Piesza

Berg	Góra
Camping	Kemping
Führer	Przewodniki
Gefahren	Zagrożenia
Gipfel	Szczyt
Karte	Mapa
Klima	Klimat
Klippe	Klif
Müde	Zmęczony
Natur	Natura
Orientierung	Orientacja
Schwer	Ciężki
Sonne	Słońce
Steine	Kamienie
Stiefel	Buty
Tiere	Zwierząt
Vorbereitung	Przygotowanie
Wasser	Woda
Wetter	Pogoda
Wild	Dziki

Wasser
Woda

Bewässerung	Nawadnianie
Dampf	Parowy
Dusche	Prysznic
Eis	Lód
Feucht	Wilgotny
Feuchtigkeit	Wilgoć
Fluss	Rzeka
Flut	Powódź
Frost	Mróz
Geysir	Gejzer
Hurrikan	Huragan
Kanal	Kanał
Monsun	Monsun
Ozean	Ocean
Regen	Deszcz
Schnee	Śnieg
See	Jezioro
Verdunstung	Parowanie
Wellen	Fale

Wetter
Pogoda

Atmosphäre	Atmosfera
Blitz	Piorun
Brise	Bryza
Donner	Grzmot
Dürre	Susza
Eis	Lód
Himmel	Niebo
Hurrikan	Huragan
Klima	Klimat
Monsun	Monsun
Nebel	Mgła
Polar	Polarny
Regenbogen	Tęcza
Sturm	Burza
Temperatur	Temperatura
Tornado	Tornado
Trocken	Suchy
Tropisch	Tropikalny
Wind	Wiatr
Wolke	Chmura

Wissenschaft
Nauki Ścisłe

Atom	Atom
Chemisch	Chemiczny
Daten	Dane
Evolution	Ewolucja
Experiment	Eksperyment
Fossil	Skamieniałość
Hypothese	Hipoteza
Klima	Klimat
Labor	Laboratorium
Methode	Metoda
Mineralien	Minerały
Moleküle	Cząsteczki
Natur	Natura
Organismus	Organizm
Partikel	Cząstki
Pflanzen	Rośliny
Physik	Fizyka
Schwerkraft	Grawitacja
Tatsache	Fakt
Wissenschaftler	Naukowiec

Wissenschaftliche Disziplinen
Dyscypliny Naukowe

Anatomie	Anatomia
Archäologie	Archeologia
Astronomie	Astronomia
Biochemie	Biochemia
Biologie	Biologia
Botanik	Botanika
Chemie	Chemia
Geologie	Geologia
Immunologie	Immunologia
Kinesiologie	Kinezjologia
Mechanik	Mechanika
Meteorologie	Meteorologia
Mineralogie	Mineralogia
Neurologie	Neurologia
Ökologie	Ekologia
Physiologie	Fizjologia
Psychologie	Psychologia
Soziologie	Socjologia
Thermodynamik	Termodynamika
Zoologie	Zoologia

Zahlen
Liczby

Acht	Osiem
Achtzehn	Osiemnaście
Dezimal	Dziesiętny
Drei	Trzy
Dreizehn	Trzynaście
Eins	Jeden
Fünf	Pięć
Fünfzehn	Piętnaście
Neun	Dziewięć
Null	Zero
Sechs	Sześć
Sechzehn	Szesnaście
Sieben	Siedem
Siebzehn	Siedemnaście
Vier	Cztery
Vierzehn	Czternaście
Zehn	Dziesięć
Zwanzig	Dwadzieścia
Zwei	Dwa
Zwölf	Dwanaście

Zeit
Czas

Gestern	Wczoraj
Heute	Dzisiaj
Jahr	Rok
Jahrhundert	Stulecie
Jahrzehnt	Dekada
Jährlich	Roczne
Jetzt	Teraz
Kalender	Kalendarz
Minute	Minuta
Mittag	Południe
Monat	Miesiąc
Morgen	Rano
Nach	Po
Nacht	Noc
Stunde	Godzina
Tag	Dzień
Uhr	Zegar
Vor	Przed
Woche	Tydzień
Zukunft	Przyszłość

Zirkus
Cyrk

Affe	Małpa
Akrobat	Akrobata
Ballons	Balony
Clown	Klaun
Elefant	Słoń
Fahrkarte	Bilet
Jongleur	Żongler
Kostüm	Kostium
Löwe	Lew
Magie	Magia
Musik	Muzyka
Parade	Parada
Spektakulär	Spektakularny
Tiere	Zwierząt
Tiger	Tygrys
Trick	Sztuczka
Zauberer	Magik
Zeigen	Pokazać
Zelt	Namiot
Zuschauer	Widz

Zu Füllen
Do Wypełnienia

Becken	Basen
Box	Pudełko
Eimer	Wiadro
Fass	Beczka
Flasche	Butelka
Karton	Karton
Kiste	Skrzynia
Koffer	Walizka
Korb	Kosz
Krug	Słoik
Mappe	Folder
Paket	Pakiet
Rohr	Rura
Schiff	Naczynie
Schublade	Szuflada
Tablett	Taca
Tasche	Torba
Umschlag	Koperta
Vase	Wazon
Wanne	Wanna

Gratuliere

Sie haben es geschafft !!

Wir hoffen, dass euch dieses Buch genauso viel Spaß gemacht hat wie uns dessen Herstellung. Wir tun unser Bestes, um qualitativ hochwertige Spiele zu erfinden. Diese Rätsel sind auf eine clevere Art und Weise entworfen, damit sie aktiv lernen und daran Vergnügen finden.

Hat ihnen das Buch gefallen ?

Eine einfache Bitte

Unsere Bücher existieren dank der Rezensionen, die sie veröffentlichen. Können sie uns helfen indem sie jetzt eine Meinung hinterlassen ?

Hier ist ein kurzer Link, der Sie zu ihrer Bewertungsseite führt

BestBooksActivity.com/Rezension50

MONSTER HERAUSFÖRDERUNGEN !

Herausförderung 1

Bereit für ihr Bonusspiel? Wir verwenden sie ständig, aber sie sind nicht einfach zu finden. Es sind die **Synonyme** !

Notieren sie 5 Wörter, die sie in den untenstehenden Rätseln (Nummer 21, 36 und 76) entdeckt haben und versuchen sie für jedes Wort 2 Synonyme zu finden .

Notieren sie 5 Wörter aus *Rätsel 21*

Wörter	Synonym 1	Synonym 2

Notieren sie 5 Wörter aus *Rätsel 36*

Wörter	Synonym 1	Synonym 2

Notieren sie 5 Wörter aus *Rätsel 76*

Wörter	Synonym 1	Synonym 2

Herausförderung 2

Jetzt, wo sie warm sind, notieren sie 5 Wörter, die sie in jedem der untenaufgeführten Rätseln entdeckt haben (Nummer 9, 17 und 25) und versuchen sie für jedes Wort 2 Antonyme zu finden. Wie viele davon können sie binnen 20 Minuten finden ?

*Notieren sie 5 Wörter aus **Rätsel 9***

Wörter	Antonym 1	Antonym 2

*Notieren sie 5 Wörter aus **Rätsel 17***

Wörter	Antonym 1	Antonym 2

*Notieren sie 5 Wörter aus **Rätsel 25***

Wörter	Antonym 1	Antonym 2

Herausförderung 3

Wunderbar, diese Monster Herausförderung 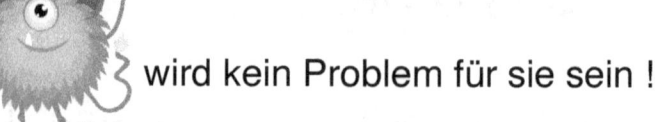 wird kein Problem für sie sein !

Bereit für die letzte Herausförderung? Wählen sie ihre 10 Lieblingswörter aus, die sie in einem Rätsel entdeckt haben und notieren sie sie unten.

1.	6.
2.	7.
3.	8.
4.	9.
5.	10.

Die Aufgabe besteht nun darin mit diesen Wörtern und in maximal sechs Sätzen einen Text herzustellen über eine Person, ein Tier oder ein Ort den sie lieben !

Tipp : sie können die letzten leeren Seiten dieses Buches als Entwurf verwenden

Ihr Schreiben :

NOTIZBUCH :

AUF BALDIGES WIEDERSEHEN !

Linguas Classics

KOSTENLOSE SPIELE GENIESSEN

GO

↓

BESTACTIVITYBOOKS.COM/FREEGAMES